AF309501

# LA POLITIQVE DV PRINCE,

## OV LA CONDVITE

d'vn jeune Gentil-homme, luy enseignant tous les Nobles Exercices conuenables à sa Condition, pour paruenir à la Cour, & auoir les qualitez necessaires pour former l'honneste Homme.

A PARIS,

Chez ESTIENNE LOYSON, au Palais, à l'entrée de la Galerie des Prisonniers, au Nom de Iesvs.

M. DC. LXVIII.

AVEC PRIVILEGE DV ROY.

# A SON
# ALTESSE ROYALE,
## MADAME
# LA PRINCESSE
## D'ORANGE.

ADAME,

*Comme mon ouurage eſt vn
pur effet des meditations auſquelles ie me ſuis occupé dans*

ã ij

les heures qui m'ont reſté,
apres auoir ſatisfait au deuoir de ma Charge, ie n'euſſe
iamais eu la hardieſſe de luy
faire voir le jour, ſi V. A. ne
m'euſt fait l'honneur de luy
donner ſa protection. L'attention que ie me ſuis donnée
dés le premier pas que i'ay
fait dans voſtre Illuſtre Maiſon ( où ie me conſidere comme vn arbre planté depuis enuiron vn an qui vous tend ſes
rameaux, & qui les ploye
ſous vos mains Royales pour
vous en offrir & pour vous en
laiſſer cueillir les premiers

fruits ) à examiner la conduite du petit Prince voftre
Fils, & à faire vne reflexion
ferieufe fur toutes fes actions
innocentes, m'en a infpiré le
deffein, dans lequel i'ay ra-
maffé toutes les matieres que
i'ay crú neceffaires pour former l'efprit d'vn jeune Prince
dans vne belle éducation.  Si
des actions de l'enfance on
tire des iugemens pour l'aduenir, on peut dire, fans faire le
Prophete, que fa façon commune d'agir promet des chofes
fort extraordinaires. Il ne luy
manque que des fages Dire-

cteurs qui fourniſſent vne belle matiere à ce grand feu qui ſe fait remarquer dans ſon eſprit; ce que l'on doit ſe promettre de voſtre prudence qui éclate par tout auec vn ſi grand luſtre, qu'il ſemble que ce vous ſoit pluſtoſt vne qualité eſſentiele, & née auec V. Alteſſe, qu'vne vertu acquiſe. Le peu de rapport qu'il y a de mon ouurage auec le brillant éclat de voſtre extraction Royale, m'auroit découragé de vous l'offrir, ſi ie ne ſçauois que ie le preſente à la plus genereuſe & à la plus

# EPISTRE.

vertueuſe Princeſſe du mõde:
Puis ayant l'honneur de luy
appartenir, ie ne pouuois me
diſpenſer de ce deuoir, ſans
me rendre tout à fait criminel. Mais que cette neceſſité
m'eſt heureuſe! puis qu'elle
m'engage à faire le choix d'v-
ne Princeſſe en qui tout eſt
Royal, & dont la vertu la
rend digne de dominer ſur
toute la Terre. Iamais le Ciel
ne fit vn aſſemblage ſi parfait, que quand il vnit vne
ame ſi releuée à vn corps ſi
beau, dont le rapport des deux
parties vous rend la merueille

de l'Vniuers, & vn chef-
d'œuure de la Nature, digne
de voir soûmis à ses pieds le
plus fameux Heros & le plus
illustre Cõquerant du monde.
La France, bien informée de
vostre merite, & du lustre de
vostre auguste naissance, vous
a receuë auec applaudissement; elle vous regarde auec
admiration, & elle vous re-
uere comme Petite-Fille de
ce Grand Henry qui a fait
trembler sous ses armes les
plus puissants Monarques;
bref elle vous verra partir
auec tous les regrets imagi-

nables; & le Peuple qui vous
regarde comme estant Niece
de Louis le Iuste, & la viue
image de ses vertus, establira
sans doute des trophées pour
vostre gloire. Souffrez donc,
Madame, que ie me glisse
dans la trouppe de tant de
braues Courtisans qui font
gloire de publier par tout vostre vertu, bien qu'elle soit su-
fisante & assez éclatante
pour se faire remarquer d'elle-
mesme à toute la Terre auec
étonnement; & que par la
Dedicace que ie vous fais de
mon Liure, i'auouë publique-

ment que vous estes la Prin-
cesse du Monde qui meritez
le plus. Mon sage Politique
est à la verité bien hardy de
parler à son Prince auec beaucoup de liberté, sans rien dé-
guiser de ses sentimens; mais
il est à pardonner, pource que
la liberté qu'il se donne vient
d'vn cœur plein d'affection.
S'il sçauoit quelque meilleure
chose, ie réponds de sa fidelité
qu'il l'auroit produite pour
plaire à V. A. R. à laquelle
il se verra eternellement
obligé de l'honneur qu'elle luy
fait de souffrir qu'il se pro-

duiſe ſous ſes auſpices. L'ex-
cés de ce bonheur luy inſpirera
ſans doute de nouuelles lumieres, & plus fortes & plus
vigoureuſes, pour luy offrir
vne autre fois quelque Piece
plus acheuée. Voſtre Alteſſe
Royale n'ignore pas que c'eſt
vn ordre preſque infaillible
dans la Nature, que les premieres productions ſont ordinairement beaucoup impar-
faites; mais le temps qui
donne l'accroiſſement & la
perfection à toutes choſes, luy
donnera le loiſir de former
quelque deſſein qui luy ſoit

# EPISTRE.

*plus agreable. Ce sont les as-*
*surances que i'ose donner de*
*sa part à V. A. ausquelles ie*
*fais suiure le vœu inuiolable*
*que i'ay fait d'estre iusques*
*au dernier moment de mes*
*jours,*

## MADAME,

Voſtre tres-humble, tres-
obeïſſant, & tres-fidele
ſeruiteur,
ALCIDE DE S. MAVRICE.

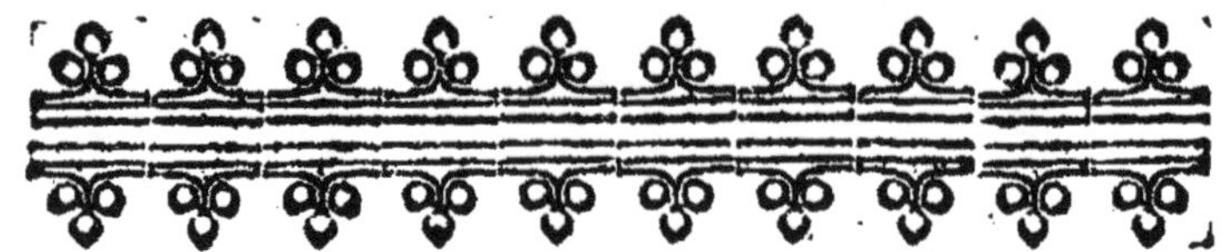

# PREFACE.

I le zele que tous les peuples ont à faire des vœux au Ciel, pour qu'il leur donne vn bon Prince, est bien receu de tout le monde ; ie me dois promettre que celuy qui m'a inspiré à tracer des leçons pour le former dans vne belle éducation, ne sera pas reprouué des personnes qui sçauent que l'education est vne seconde naissance, qui inflüe auec plus de force & auec plus de vigueur dans la conduite de toute sa vie, que ne font pas les Cieux, ny les Astres, ausquels les Astrologues

donnent vne puiſſance ſi abſoluë ſur
les differentes conſtitutions de la
fortune que l'homme éprouue ſur la
terre. Il n'eſt point de Nation qui
ne ſouhaite fort ardamment d'eſtre
dominée par vne puiſſance bien reglée ; mais il y a peu de monde qui
ſonge aux moyens de la rendre telle
que l'on la deſire : Il eſt vray que
i'aduouë que l'entrepriſe eſt fort
hardie & tres-difficile à reüſſir au
gré de tout vn peuple, pource qu'il
n'eſt point ſi petite Harangere des
Halles, qui ne voulut former le
Prince que le Ciel luy donne, ſelon
ſon caprice ; & vn chacun le vou-
droit auoir ſelon la portée de ſon
eſprit, qui ſe trouue fort petite en la
pluſpart des perſonnes. Si ie me
donne cette liberté, c'eſt apres vne
longue eſtude que i'ay faite de l'Hiſtoire de Rome, laquelle on peut
dire auoir eſté l'Eſtat le plus flo-

riſſant du monde, dont i'ay appro-
prié les maximes les plus importantes à l'éducation d'vn ieune
Prince, pour le former ſur le plus
bel exemplaire qui ait iamais paru
aux yeux des hommes. Ie ſçay bien
que le temps & les diferents viſages
que les affaires d'vn Eſtat prennent,
ne ſouffrent pas touſiours de ſe ſeruir des meſmes principes qui en ont
affermy d'autres ; mais la Politique
des Romains a eſté par tout ſi belle,
& a reüſſi auec tant de ſuccez, qu'vn
Prince ne hazarde rien en la voulant
imiter. Si cette puiſſance demeſurée
qui s'eſtendoit dans toutes les parties
de la terre connuë, a eſté affoiblie
par ſa propre grandeur, & ſi la France, les Eſpagnes, l'Angleterre, &
tant d'autres Souuerainetez, ſe ſont
eſleuées ſur les ruines de ce vaſte
corps, ce n'eſt que pource que les
derniers Empereurs ont dégeneré

de la generosité de leurs predeces-
seurs, & pource qu'ils se font fort é-
loignez des sages maximes dont cet
Estat auoit esté cimenté sous les
Roys, sous les Consuls, & sous les
Dictateurs qui l'ont gouuerné &
augmenté auec des succez admirables. Nous voyons aujourd'huy les
Conquestes des Souuerains si peu
considerables, que la guerre qu'ils se
font les vns aux autres, semble plustost vn ieu où tantost on perd &
tantost on gagne, que des effets d'vn
genereux Monarque, dont la raison
n'est autre que le peu de rapport qu'il
y a des maximes du siecle où nous
viuons auec celles des Romains. Il
n'est point iniurieux à vn Prince de
suiure vn bon exemple, ny de former sa Politique & la conduite de ses
armées sur le modele d'vn peuple si
glorieux qu'a esté celuy de Rome;
les mesmes causes qui ont influé dans

fa confernation & dans fon agrandiffement peuuent aujourd'huy faire
des femblables effets dans toutes les
Monarchies. Les hommes naiffent,
viuent & meurent aujourd'huy tout
de la mefme façon qu'ils faifoient en
ce temps-là. Que fi les Loix fondamentales d'vn Eftat ne permettent
pas de fe feruir en toutes chofes de
l'exemple des antiens Romains; c'eft
à vn Prince ou à vn fage Miniftre
de retrancher ce qui eft inutile ou
fuperflu, & de prendre ce qui lui doit
eftre le plus auantageux. Il doit fçauoir faire la diftinction des temps,
des ocafions, de la fituation des païs,
de la conftitution des peuples qu'il a
à gouuerner, & des forces de l'ennemy qu'il a à combattre; mais generalement parlant il trouuera que les
maximes Romaines luy feront efgalement auantageufes dans les emplois de la Politique & dans ceux de
é

la guerre. Aussi n'ay je choisi que
les plus generales de toutes celles
que l'Histoire Romaine m'a presen-
tées, & celles que i'ay creu se pouuoir pratiquer en tout temps, pour
mettre vn Prince en estat de regir
auec esclat & auec gloire le peuple
qui luy est commis. Ie luy enseigne
à quoy il doit occuper ses premieres
années; en suite ie luy donne les maximes qui le peuuent faire estimer &
craindre de ses sujets, pour les dominer heureusement; & enfin ie luy
descouure les poincts principaux
qu'il faut obseruer dans la guerre,
qui sont toutes les choses necessaires
pour le former dans vne belle éducation.

# ADVIS AV LECTEVR.

TRES-honoré Lecteur, bien
que le dessein de mon Liure
aille a former l'esprit d'vn ieune Prince
qui ne se fait que montrer au monde;
les maximes que i'y traitte peuuent
seruir à ceux-mesmes qu'on y a veu
paroistre depuis long-temps, lesquels
ayant le iugement plus meur, en pro-
fiteront auec plus d'auantage. Quelque
soin que i'aye pris à corriger les épreuues,
il s'y est pourtant glissé beaucoup de fautes dans l'impression, lesquelles ie sou-
haiterois que vous prissiez la peine de
corriger auant que de vous mettre à le

é ij

lire. Ie sçay que les Esprits délicats se
rebutent de la lecture d'vn Liure, pour
y trouuer quelque faute qui confond le
sens des periodes, ou qui empesche de
connoistre auec facilité ce que l'Autheur
veut dire: Mais puis que c'est vne
chose faite, & qu'il n'y a plus moyen
d'en oster les manquemens, il vous sera
facile de les corriger, en voyant l'Er-
rata qui est à la fin du Liure.

# TABLE DES
## Chapitres.

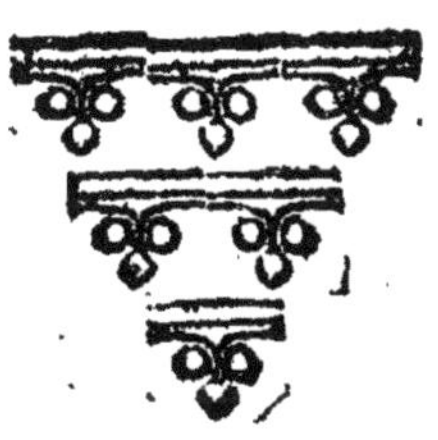

# LE SAGE POLITIQVE,

## INSTRVISANT SON IEVNE PRINCE

en toutes les choſes qui le peuuent former dans vne belle éducation.

---

*Qu'vn Prince a beſoin d'vn Directeur.*

## CHAPITRE I.

RINCE, ie n'ay iamais fait refleſtion ſur la naiſſance des Perſonnes d'vne éminente condition, comme vous eſtes, que ie n'aye formé des plaintes contre la Natre, & que ie ne luy aye ſceu fort mauuais gré dequoy elle leur donne vn

A

rang auſſi eſleué par deſſus les autres hommes, que les intelligences le ſont au deſſus
des ſubſtances corporelles, ſans qu'elle les
affranchiſſe de pas-vne des miſeres qui
accueillent tous les hommes à leur entrée
dans cette vie mortelle. N'eſt-ce pas eſton-
nant dequoy vn Prince vient dans le monde, ſans que ſon entendement ſoit informé
d'aucune ſcience, & priué de toute ſorte de
connoiſſance, luy qui eſt deſtiné à eſtre le
Chef pour regir tout vn Eſtat? dequoi il viét
auec la volôté dépoüillée de toute ſorte d'habitude morales, luy qui doit eſtre vn exéple
de vertu à tout vn peuple? dequoy il vient
muet, luy qui doit decider les controuerſes
de ſes ſujets, par les Oracles de la Iuſtice
que ſa bouche doit rendre, & par les Arreſts
qu'elle doit prononcer? dequoy il vient
auec des yeux qui regardent toutes choſes
dans la confuſion, comme ſi elles n'en
eſtoient qu'vne, luy qui les doit touſiours
auoir ouuerts pour recompenſer la vertu &
punir le vice, & pour faire la diſtinction de
ſes fideles ſujets d'auec les mercenaires &
peu affectionnez à ſon ſeruice ou au bien de
l'Eſtat? dequoy il vient auec vne oüye ſi imparfaite, qu'elle reçoit auec autant d'indife-

rence le bruit importun de quelque tu-
multe, que les charmes & les agréemens
d'vne delicieuse musique, luy qui les doit
auoir tousiours prestes pour receuoir les
remonstrances de ses sujets ? Enfin on peut
dire de luy qu'il a vne ame raisonnable
sans raisonnement; qu'il a des yeux, & qu'il
ne voit point; qu'il a des oreilles, & qu'il
n'entend point; que le sort luy est rigoureux
de le placer d'vn costé dans vn supresme degré hors de la portée des autres hommes,
& de le rendre d'vn autre semblable aux
plus abjectes personnes qui soient au monde. Sans doute que si on exposoit les enfans
d'vn Roy, ou d'vn Prince, & ceux d'vn
Païsant, pesle-mesle, lors qu'ils ne font que
de naistre, à la veuë de tout vn monde, il ne
se trouueroit pas vne personne qui eut la
veuë assez penetrante pour en faire la distinction; & quand mesme Diogene se pre-
senteroit auec sa lanterne, ie ne sçaurois me
persuader qu'il pût apperceuoir la diffe-
rence de leurs conditions, puis qu'il n'y a
rien qui les rende dissemblables: ils sont
tous deux dans vn estat d'vne extresme mi-
sere, d'où ils ne sçauroient se releuer d'eux-
mesmes, non plus le Prince que le Païsant;

& fans le fecours de leurs parens qui inter-
uient pour foulager leur cõmune neceſſité,
ils fe verroient tous deux expofez au peril
de perdre la vie prefque au mefme temps
qu'ils la reçoiuent. Ne femble-t'il pas qu'il
y auroit de la Iuſtice, que la Nature mettant
dãs la main d'vne perſóne le Gouuernemét
d'vn peuple entier, qu'elle luy infpirât auſſi
les lumieres qui luy font neceſſaires pour
vne fage conduite? que paroiſſant prodigue
par vn nombre prefque infiny de biensfaits
& de liberalitez qu'elle luy départ dans ce
mefme inſtant qu'elle luy imprime l'auguſte caractere de Prince, qu'à mefme
temps elle luy imprimât des fentimens
dignes du rang qu'elle luy donne? Mais c'eſt
vne cruelle, qui apres auoir produit des
chef-d'œuures, elle les abandonne fans conduite, & les expofe à mille dangers aufquels
les autres hõmés ne font pas fuiets; elle forme des enfans qui font fouuent les vœux de
tout vn peuple, le fouſtien d'vn Eſtat, & le
defir d'vne Nation entiere; mais en fuite
elle le commet au gré de leurs paſſions
& à l'impetuofité de leurs inclinations vi-
tieufes, qui font ordinairement & plus
fortes & plus violentes en vn Prince qui ne

doit point se flatter sur la noblesse de son
Sang, car il l'a autant corrompu que le reste
des hommes. Pour estre Prince, on n'en est
pas plus parfait ny plus sage; pour auoir son
extraction de quelque famille Royale ou
Souueraine, on n'en est pas mieux reglé
dans les actions. Mais n'imputons point
tous ces inconueniens à la Nature, dont les
desseins ne sont point de produire ny des
Roys ny des Princes, & laquelle dans la
generation de l'homme n'a point d'autre
intention que d'en conseruer l'espece qui se
trouue aussi entiere en la personne d'vn
roturier, que dans celle qui tire son extraction de la plus Illustre famille du monde.
Ce qui se peut dire en faueur d'vn Prince,
c'est que les semences des Sciences estant
generalement respanduës dans l'entendement, & celles des vertus dans la volonté de tous les hommes, il y a de l'apparence qu'elles sont en luy plus propres à
estre cultiuées & plus fortes à produire de
bons fruicts, que dans le commun; pource
qu'ordinairement il tire son origine des
parens qui sont bien iustruits en toutes
les plus belles sciences, & qui possedent
toutes les vertus les plus excellentes ; &

A iij

que c'eſt vn ordre preſque inuiolable dans
la generation, que l'effet retient touſiours
beaucoup de ſa cauſe, que les forts produiſent les forts, que d'vne bonne tige on en
recueille des productions excellentes; &
on a iamais veu qu'vne Colombe foible aye
engendré des Aigles.

Mais pourtant l'experience nous fait
voir que les enfans dégenerent ſouuent de
leur pere, par le defaut d'vne bonne education; que du froment il s'en fait du ſeigle,
meſme de l'yuroye, dont la cauſe n'eſt autre
qu'vne terre mal cultiuée. Quãd vn Prince
deſcendroit des plus grands Heros qui
ayent paru dans le monde, ſi dans ſon bas
âge il n'eſt bien eſleué, on le verra dans le
cours de ſa vie fort diſſemblable de ſes An-
ceſtres; il paroiſtra aux yeux de tout vn
peuple comme vn ruiſſeau dont les eaux
ſont toutes troubles, bien qu'il les reçoiue
d'vne claire fontaine. Diogene le Cyni-
que diſoit, qu'vn homme riche ſans inſtruction, eſtoit vne Brebis reueſtuë d'vne
Toiſon d'or ; & i'oſe dire qu'vn Prince
ſans inſtruction, reſſemble à vne de ces ima-
ges toutes couuertes de pierreries, qu'on
met ſur les Autels des Temples, deuant qui

vn peuple idolâtre va flefchir les genoux.

Puis que c'eſt donc vne neceſſité qu'vn Prince entrant dans le monde ſoit enuelopé dans la foibleſſe commune de tous les hommes, & que pourtant il faut qu'il ſe faſſe autant remarquer par la nobleſſe de ſes vertus, que par celle de ſon ſang, il n'eſt point d'autre remede plus efficace, que de choiſir vn ſage Directeur, à qui vous commettiez la conduite de voſtre vie, qui vous faſſe connoiſtre les bonnes choſes pour les embraſſer, & les mauuaiſes pour les fuir; qui vous monſtre par tout la verité pour la ſuiure, & le menſonge ou l'erreur pour l'eſuiter; qui forme voſtre volonté dans les bonnes habitudes, qui reſpande vne claire lumiere de toutes les plus belles choſes dans voſtre Eſprit, qui enrichiſſe voſtre memoire de toutes les Hiſtoires de l'antiquité; enfin qui façonne voſtre ieuneſſe, & qui vous regle dans tous vos déportemés. Ces grands Hommes qui ont fait l'ornement des temps paſſez, dont les Hiſtoires Grecques & Latines deſcriuent la vie & les actions, ſont des productions des bons Precepteurs qu'ils ont eu pour les eſleuer, ſans l'aide deſquels ils ne fuſſent iamais arriuez au

poinct de vertu & de generosité qu'ils ont
fait.

Que si vous me demandez de quelle sorte
de personne on doit faire le choix pour veiller sur la conduite d'vn Prince, vous en verrez la peinture au Chapitre suiuant.

*Quel doit estre le Directeur d'vn
Prince.*

## CHAPITRE II.

P R I N C E, i'aduoüe que dans toutes les
Cours des Grands il s'y rencontre d'excellens Hommes, qui ont le raisonnement
fort bon, qui sont bien faits de corps, qui
possedent vn sçauoir rapportant à leur condition, qui ont esté formés dans tous les
exercices qui s'enseignent dans les Academies, qui sçauent bien trousser vn compliment, se démesler parfaitement d'vn entretien, se rendre complaisans à tous les
honnestes gens, & cajoller les Dames auec
beaucoup d'adresse, qui est vn exercice fort

ordinaire, & vne fcience tres neceffaire dans la Cour, où toutes les meilleures affaires fe font par l'entremife des femmes : Ces qualitez font fort belles, & qui efbloüiffent fouuent les yeux de beaucoup de monde ; mais ie ne trouue pas qu'il y en ait encore affez pour meriter à vn homme la charge de diriger vn Prince.

Ce n'eft pas, Prince, qu'en voulant defcrire les perfections que doit auoir voftre Precepteur, ie veüille imiter Platon qui a tracé l'idée d'vne Republique imaginaire; ou Ariftote, qui exige en vn Orateur des qualitez qui ne fçauroient s'y rencontrer toutes à la fois; celles que ie demande d'vn homme qui doit eftre efleué à la direction d'vn Prince, font reduites à trois Chefs: Ie veux qu'il foit craignant Dieu, qu'il ait beaucoup de generofité, & qu'il foit en poffeffion d'vn profond fçauoir. La rencontre de ces trois perfections en fera naiftre beaucoup d'autres, & fera la fource de toutes celles qu'on pourroit defirer en vne perfonne qui doit eftre deftinée à cette charge.

Par la crainte de Dieu, ie n'entends pas ce mouuement de la volonté qui fait glacer le ſang dans nos veines, qui fait heriſſer les cheueux ſur nos teſtes; qui iette l'effroy & l'eſpouuentement dans nos cœurs, lors que nous enuiſageons la ſeuerité de la vengeance diuine ; qui punit la moindre de nos iniquitez auec des peines dont l'aſpreté eſgale la durée, lors que nous penſons que les Arreſts de ce Iuge inexorable ſont irreuocables; & que s'il nous traittoit ſelon la rigueur de ſa Iuſtice, noſtre ſort ſeroit le plus miſerable de toutes les creatures du monde: mais en vous repreſentant vn homme craignant Dieu, ie veux dire qu'il ſoit orné de toutes les vertus Chreſtiennes & Morales, autant que la foibleſſe de l'homme le peut permettre, que ſa vie ſoit ſainte & irreprochable deuant les hommes, qu'il ſoit fort adonné à toutes les exercices de pieté, qu'il ſoit amateur de la Iuſtice & de la paix, qui ne ſoit point ſuiet à quelque paſſion violente ou deſreglée outre meſure; que ce ne ſoit point vn naturel bizarre ny broüillon, mais qu'il ſoit traittable & bien faiſant à tout le monde; que ce ne ſoit point vne humeur ſauuage ni trop particuliere, mais qui ſçache connerſer auec les hommes, & qui faſſe par tout paroiſtre vn viſage ſerain &

riant; car vne humeur trop auſtere n'eſt nullement propre aupres d'vn Prince qui ſe
trouue engagé par ſa condition à traitter
auec mille ſortes de perſonnes.

La raiſon pourquoy ie demande que le
Directeur d'vn Prince ſoit vn homme
craignant Dieu, c'eſt pource que ie iuge &
tres-important & tout à fait neceſſaire, de
commencer ſon education, en luy impri-
mant des ſentimens de veneration, & de
reſpect pour Dieu ; en luy enſeignant de
craindre celuy qui ſe ioüe des puiſſances de
la terre, qui briſe la teſte des Roys, qui ar-
rache le Sceptre de leurs mains, qui fait
tomber bas leur Couronne, & qui dans vn
moment peut renuerſer tous les Eſtats les
plus floriſſans du monde, & en luy repreſentant l'obligation qu'il a d'honorer &
d'aimer celuy qui l'ayant fait Prince, l'a
rendu par conſequent l'arbitre de la fortune
de tout vn peuple, l'a placé ſur la teſte
d'vne Nation entiere, luy a commis le
Gouuernemét de tout vn Eſtat, & l'a eſleué
auſſi haut par deſſus le cõmun des hommes,
que les Anges le ſont au deſſus de luy. Mais
comment eſt-ce que le Precepteur d'vn
Prince luy inſpirera tous ces mouuemens,

fi luy mefme n'en eft pas le premier touché?
Comment le pourra-t'il former dans la
crainte de Dieu, fi luy mefme ne l'a pas
grauée dans fon cœur?

Que fi ie defire qu'il foit craignant Dieu,
ie veux auffi que fon efprit ne foit point en-
taché de fuperftition, ny de l'erreur commun de toutes les Ames baffes qui courent
aueuglément apres tout ce qui leur eft an-
noncé par les Docteurs Euangeliques. Il
faut à la verité receuoir tout ce qu'ils publient auec refpect, mais en fuite l'examiner auec prudence, & feparer l'artifice que
la Rethorique leur enfeigne, pour perfuader ou diffuader le peuple auec la pure verité, qui n'eft iamais plus belle que quand
elle eft toute nuë. L'experience nous fait
voir que ces Meffieurs condamnent tous
les iours dans leurs Chaires beaucoup de
chofes qui font indifferentes, que l'on peut
pratiquer fans aucune forte de crime,
ou fans choquer les vertus Chreftiennes &
Morales, & qu'vn Prince ne peut pas laiffer
auec bien-feance, lefquelles ie n'efpecifiray
pas, pource que ce feroit vne chofe fort inutile. Le Precepteur donc qui doit façon-
ner vn Prince, doit auffi auoir des lumieres

toutes pures, afin d'en produire de semblables dans celuy du Prince qu'il dirige. Il ne faut pas pourtant qu'il s'esloigne tout à fait de la façon commune des autres hommes, ny qu'il se forme vn train de vie si particulier, qu'il en deuienne ridicule ; il doit suiure la mode ordinaire en la plufpart des chofes, quoy qu'elles n'ayent pas fon approbation ; & il eft plus feant d'aller par complaifance contre fes fentimens, que de reprouuer auec raifon ce qui eft receu de la plufpart du monde. Par là il fera paroiftre fa prudence, fon adreffe, fa gentilleffe, fon bon naturel, & fa politique, qui font les effets d'vn homme qui a la crainte de Dieu, fans aucun meflange de fuperftition.

Quand on deftine vn Precepteur à vn Prince, ce n'eft pas feulement pour l'inftruire de la voix, qui eft vn foible inftrument, fi l'exemple ne la feconde. Si donc la plus belle de toutes les qualitez qu'vn Prince doit poffeder (apres la crainte de Dieu) eft dans mon fentiment la Generofité ; il s'enfuit qu'vn Directeur, fur le modele duquel vn Prince doit former fa conduite, n'en doit pas eftre dépourueu. Cette Generofité ne confifte pas feulement d'auoir le

cœur bien placé, d'eſtre d'vne humeur mar-
tiale, de ne craindre point les dangers les
plus euidens, d'expoſer ſa vie auec autant
de liberté, quand il le faut, que l'on prend
de ſoin de la conſeruer: Mais c'eſt vne
qualité qui fait agir l'homme en toutes ſes
actions, meſme les plus cõmunes, d'vn certain air, & d'vne certainé grace qui le rend
venerable à tout le remede, qui tient touſiours ſon eſprit occupé dans de beaux deſſeins, & qui pouſſe ſa volonté à les executer
auec vne reſolution ferme & conſtante.
Quand le Precepteur d'vn Prince ſera
en poſſeſſion de cette diuine qualité, il ſera
pour lors en eſtat de luy repreſenter qu'il ne
doit iamais rien faire de bas, & de mourir
pluſtoſt, que de commettre vne laſcheté;
qu'il doit exercer ſes largeſſes, ſes liberalitez & ſes recompenſes d'vne belle maniere,
ſans laquelle vn don n'eſt iamais bien receu
d'vne perſonne d'eſprit; qu'il doit diſtri-
buer la Iuſtice, ſoit en puniſſant le vice, ſoit
en recompenſant la vertu, d'vne façon qui
faſſe voir qu'il a de l'auerſion pour celuy-là,
& de l'amour pour celle-cy; qu'il ſe doit
tantoſt monſtrer ſeuere ſans cruauté, & tantoſt clement ſans laſcheté; que ſoit qu'il

pardonne ou qu'il puniſſe, qu'il accorde les requeſtes de ſes ſujets, ou qu'il les refuſe, il le doit faire d'vn air touſiours releué & digne du rang qu'il tient ſur la terre. De cette Generoſité naiſſent l'adreſſe & prudence d'vn Prince à ſçauoir contenter ſes Courtiſans & ſon peuple ; la bonne grace en toutes ſes actions, qui le rend l'amour de ſes ſujets, & la terreur de ſes ennemis ; vne bonne conſtitution, qui produira des actions qu'on ne ſçauroit accuſer de laſcheté, ny ſoupçonner de felonnie ; vne force d'eſprit qui ne s'eſleue pas par trop dans la proſperité, & qui ne s'abbat pas tout à fait dans l'aduerſité ; qui reçoit d'vn meſme viſage les diſgraces & les preſens de la Fortune ; qui ne ſe rend point ny à ſes careſſes, ny à ſes rebus ; qui ſe rit de la ſeuerité & de la douceur du deſtin ; à qui le ſort, quel train qu'il tienne, eſt fort indifferent ; & enfin qui ſe conduit dans les exercices meſme de la Religion d'vne façon qui ne va point dans la ſuperſtition des ames baſſes, ny dans l'impieté des libertins du ſiecle.

Que le Precepteur d'vn Prince doiue eſtre ſçauant, il n'eſt perſonne à mon aduis qui ſoit perſuadé du contraire, puis qu'vn

homme ignorant eft vn aueugle qui a befoin luy-mefme de direction, & à qui on ne
fçauroit auec raifon fier la conduite de qui
que ce foit, & par confequent encore bien
moins celle d'vn Prince, pour l'éducation
duquel on ne doit rien efpargner : que s'il
eft conduit par vn homme fans lumiere &
fans fçauoir, ils tomberont tous deux dans
vn labirinthe d'où ils ne fçauroient fe def-
barraffer: & c'eft vne cruauté aux perfonnes à qui il appartient de pouruoir à fon
éducation, de la cômettre à vn ignorant qui
ne fçauroit que luy nuire. Ce fçauoir que
i'exige de fon Precepteur, n'eft pas vn fçauoir Pedantefque; ie veux qu'il foit efpuré
de cette rudeffe fcolaftique qui le rend le
plus fouuent ridicule & importun; il faut
que ce foit vne fcience gentille & accom-
modée à la façon commune d'agir, point re-
uefche, point dédaigneufe, mais belle &
gratieufe. Les Mufes n'ont que des charmes pour ceux qui les fçauent traitter gra-
tieufement; & c'eft leur faire vne grande
injure, que de leur donner vn vifage feuere,
puis qu'ils font toufiours riant. Quand ie
confidere ces trongnes dans les Academies,
qui n'ont rien qui ne foit affreux fur leur
vifage,

visage, vn regard seuere, les yeux enfoncez
dans la teste, le front ridé, le col cousu à
leurs espaules, les cheueux herissez &
poudrez de la poussiere d'vne Classe ; ie les
enuisage comme des auortons des Muses,
& non pas comme des legitimes productions. Cette sorte de personnes ne sont
nullement propres dans les Cours des Princes, quelques sciences qu'ils puissent auoir;
& il en faut choisir vne qui en ait autant
que celles-là, mais qui en sçache mieux vser;
qui soit sçauãt & courtisan, qui ait bien leu
l'Histoire, la Politique, la Morale, & toutes
les autres sciences naturelles, qui n'ait rien
en son entretien qui ne soit charmant & vtile, sãs pourtãt faire parade de ce qu'il sçait,
mais qu'il en vse auec discretiõ & modestie.
C'est sur l'exemple de ces sortes de personnes, Prince, que vous deuez regler tout
le cours de vostre vie ; & quand le Ciel
vous aura pouruu d'vn Precepteur orné
des qualitez que ie viens de descrire, be-
nissez le de vous auoir commis sous vne
conduite de laquelle vous deuez vous pro-
metre vn heureux succez dans toutes vos
entreprises, vn sage conseil dans vos deliberations, & vn remede tousiours present

à toutes les inquietudes qui peuuent vous arriuer. Si voſtre Precepteur a la crainte de Dieu, il vous inſpirera des penſées pour le Ciel; s'il eſt genereux, il vous ſollicitera à des actions releuées, & ne ſouffrira rien de bas en vous; s'il eſt ſçauant, il vous ſera vne belle lumiere qui vous eſclairera par tout, & qui diſſipera les nuages & les erreurs qui ont accouſtumé de s'emparer de l'eſprit d'vn ieune Prince, qu'il ſeroit neceſſaire de rendre amateur du commerce des Hommes Sages.

*Qu'vn Prince doit eſtre amateur des Hommes Sages.*

## CHAPITRE III.

PRINCE, de la legereté de l'eſprit humain, de la propention naturelle que la volonté de l'homme a au vice, & du danger euident qu'il y a que le naturel d'vn Prince, pour bon qu'il puiſſe eſtre, ne ſoit corrompu par tant de Courtiſans flateurs qui formillent dans les Cours, naiſt la neceſſité qu'il

frequente les Hommes fages de qui il puiffe
receuoir de bons cõfeils, & qui luy infpi-
rent de genereux & de iuftes fentimens
pour fe regler foy-mefme, pour regir fa famille, & pour goüuerner fon Eftat. Prince,
les Anciens ont eu tant de veneration pour
les fages, que dans la Gréce & dans Rome
on auoit accouftumé de leur dreffer des ftatuës pour faire hommage à leur vertu & à
leur merite. Les Roys, les Monarques, &
les Princes les plus Illuftres fe font reglez
par le confeil des fages dont ils adoroient
les fentimens comme des Oracles. Le grand
Alexandre a abaiffé fa tefte couronnée de
mille lauriers fous les enfeignemens d'A-
riftote. Thefeus fut façonné par Connidas,
à l'honneur duquel les Atheniens ont infti-
tué des facrifices folemnels; le Religieux
Numa Pompilius fut intime & familier
amy du Philofophe Pithagoras; Pericles
fut conduit par Damon qui a efté vn des
grands Politiques de fon fiecle; Alcibia-
des n'a efté retiré des defbauches où il s'e-
ftoit abandonné dés fa ieuneffe, que par la
frequentation de Socrates; Pelopidas qui
tiroit fon extraction des plus nobles familles
de Thebes, s'eft formé vn naturel le plus

genereux, le plus magnifique & le plus liberal qui fut de son temps, par l'exemple
d'Epaminondas; & il suffit de consulter les
Histoires pour connoistre quel proffit &
quelle vtilité ont apporté les hommes sages
aux Estats, & aux Republiques. Le siecle
d'or fut sous Saturne, amateur de la Sagesse
& de la contemplation, qui est l'exercice
le plus familier & le plus charmant du
Sage, dans lequel il forme ses genereux desseins, il puise ses conseils, il regle ses entreprises, & ordonne de tous les moyens qui
sont necessaires au succez d'vne affaire importante. L'vn des plus considerables soula-
gements que puisse receuoir vn Prince, est
d'auoir des hommes prudens sur qui il puisse se reposer du Gouuernement de son
Estat, qui veillent quand il dort, pour sa
conseruation & pour celle de ses sujets,
qui fassent fleurir la Iustice dans vn temps
où on la voit fletrie d'vn estrange façon par
la sagesse de leurs conseils, qui doiuent tousiours tendre à l'agrandissement de leur
Prince, & à la protection de son peuple.
Quel auantage & quel plaisir ne reçoit-il
pas, de voir autour de luy des hommes qui
le fortifient lors qu'il se trouue comme ac-

cablé fous le pefant fardeau du manie-
ment des affaires de fon Eftat, qui l'affer-
miffent dans fes irrefolutions, qui releuent
fes efperances abbatuës, & qui luy infpi-
rent affez de force pour agir vigoureufe-
ment en tout ce qu'il entreprendra? Puis
que les fages font rares, & que le nombre
des fols eft infiny, n'eft-ce pas vn trefor bien
pretieux à vn Prince, que d'en poffeder
plufieurs dont les confeils & les lumieres
luy foit vn Phare pour l'efclairer dans fa
conduite, & pour auoir vne bonne iffuë
dans tous fes deffeins?

Prince, fçachez que dés le moment
qu'vne perfonne de voftre condition entre
dans le monde, il fe trouue vn million de
Courtifans qui fe preparent pour vous fçauoir bien faire la Cour en fon temps; &
quand vous commencez d'auoir quelque
lumiere & quelque connoiffance raifonnable, ils font à l'enuie à qui fçaura mieux
vous flatter, & vous complaire; fut-ce dans
des fentimens les plus defreglez & les
moins raifonnables. Ha, Prince! que dans
cet eftat d'vne tendre ieuneffe, d'vn âge fuf-
ceptible de toutes fortes d'impreffions, le
fecours des hommes fages vous eft necef-

faire, qui vous débarrassent des pieges où vous vous precipiterez par la persuasion des personnes qui cherissent mieux leurs propres interests que les vostres, ny ceux de vostre peuple.

S'il arriue quelque pressante necessité dans l'Estat, qui oblige le Prince à mettre des impositions sur son peuple, il n'est rien qui luy puisse faire porter ce fardeau auec douceur, que quand il sçait que le Prince se conduit par les conseils de personnes sages qui ne font rien temerairement, & qui espousent les interests de l'Estat auec plus d'ardeur que les leurs propres. Tout ce qui part d'vne conduite sage est agreable & bien receu des plus grossiers mesmes, qui admirent & qui appreuuent és autres ce qu'ils ne possedent pas eux-mesmes, fut ce la chose la plus rude, & la plus dure du monde. Vn peuple qui se voit gouuerné par des sages conseils, s'y soûmet aueuglément, & les reçoit auec patience, esperant que le temps don nera quelque relasche à ses peines, & que les hommes sages qui veillent tousiours pour son repos auront l'adresse de le soula-ger quand l'occasion le permettra. Le commerce des hommes est contagieux aux per-

fonnes qui ne font que fe mouftrer au monde, dépourueus d'experience & de conduite;
vn bas âge fe forme à l'exemple de ceux qui
font autour de luy ; auec les bons on deuient bon; auec les fages on deuient fage; &
on fe corrompt tres-facilement auec les li
bertins, qui cherchent inceffamment des
compagnons, pour authorifer leurs defbauches, lefquelles ils ont accouftumé de
iuftifier par le nombre de perfonnes qu'ils
entraifnent auec eux.

S'il n'y a rien de fi auantageux à vn Prince, que de cherir les hommes fages & fçauans, il n'eft chofe qui luy foit plus preiudiciable que de fe monftrer contraire à eux,
ou de les choquer ouuertement. Minos
Roy de Candie fleftrit eftrangement fa reputation pour auoir choqué Athenes, où
l'Eloquéce & la Sageffe fleuriffoit: quelque
tefmoignage que Hefiodus, qui l'appelle
tres-digne Roy, ait rendu de fa vertu; &
quelques Eloges que Homere, qui le fait
amy familier de Iupiter, luy ait donné, les
theatres d'Athenes l'ont emporté, & ont
plus terni fa renommée, que tous les autres ne l'ont efleuée. La plume d'vn fage
& éloquent perfonnage eft vn inftrument à

apprehender, qui peut nuire en vn moment
plus que le tefmoignage de tout vn peuple
ne peut profiter à la recommandation d'vn
Prince, qui fe rendant amateur des fages, il
fe fera en mefme temps amoureux de la contemplation des chofes diuines.

## *Qu'vn Prince doit fçauoir la Theologie.*

# CHAPITRE IV.

PRINCE, c'eft vne obligation commune
à tous les hommes, de rapporte leurs
actions à Dieu, comme à leur derniere fin,
pour qu'elles foient bonnes ; car à moins de
cela elles font vitiées, & cette obligation generale qui embraffe toute la maffe des hommes, fe rend particuliere en vous, qui eftes
l'image de celuy qui a imprimé fur voftre
front le caractere de Prince ; mais il n'eft
pas poffible que vous vous acquitiez de ce
deuoir, fi vous ignorez la Theologie, qui eft
la fcience de Dieu, laquelle vous monftre à

le connoiſtre, & vous enſeigne comment
il faut l'aimer ; c'eſt elle qui Chriſtianiſe
toutes les actions humaines, qui rend les
plus baſſes tres illuſtres, & qui propoſe des
Courónes immortelles à la moindre & à la
plus vile. Fuſſiez-vous le plus grand Conquerant du móde, quand vos victoires eſga-
leroient celles d'vn Hercules, d'vn Alexandre, ou bien celle de Róme meſme, ſi vos
exploits ne ſont conduits ſelon la regle de
cette diuine ſcience, ils n'auront qu'vne
apparence de bonté deuant les hommes, &
ſeront reprouués deuant Dieu. I'admire
tous les iours la vertu des Romains, & la
ſageſſe des Grecs ; mais ie déplore leur malheur, en ce que leurs actions les plus illuſtres n'ont eſté que des pechez abominables
deuant Dieu, qu'ils n'ont iamais connu
comme il faut, pour eſtre ignorans de la
ſainte Theologie.

Lors que la naiſſance ne faiſoit pas les
Princes, mais que la vertu & le merite
en eſtoient les artiſans, les Roys eſtoient
choiſis d'entre les Preſtres qui eſtoient les
depoſitaires des ſecrets & des miſteres de
Dieu; iugeant ceux-là qui connoiſſoient ſa
Nature, ſa Prouidence, & ſa conduite, au

niueau de laquelle il faut regler les affaires
d'vn Eftat , plus capables d'exercer vne
charge fi releuée.

Puis que les Princes font les Lieutenans
de Dieu fur la terre, que leur puiffance eft
ordonnée deluy, & que leur authorité eft
emanée du Ciel, il eft de leur deuoir de fuiure les mouuémens de fa volonté , d'executer fes ordres, & de fe regler fur fa conduite, ce qu'il n'eft pas poffible de faire, s'ils ne
font informez de la Theologie qui leur apprend toutes ces belles leçons, qui leur donne l'entrée dans les côfeils de Dieu, qui leur
defcouure les fecrets de la Prouidence , &
fa conduite dans la creation & dans la conferuation des Creatures. Cette fcience aduertit vn Prince de l'amour & de la protection qu'il doit à fon peuple ; elle l'informe
de la façon qu'il doit adminiftrer la Iuftice
à fes fujets; elle luy enfeigne à pardonner &
à punir, à eftre feuere & clement, & enfin
elle luy donne les formes d'vn legitime gouuernement. Tout ce que la Politique humaine a de bô, & toutêle fecours qu'elle peut
prefter à vn Prince dans le gouuernement
des affaires, eft fautif; mais les maximes de la
Theologie, qui eft vne fcience infpirée du

Ciel, & dont la verité est appuyée sur la re-
uelation diuine qui est toufiours infaillible,
ne trompent iamais; les hommes les plus sages & les mieux esclairez, font suiets à de
grands erreurs, & toutes leurs lumieres
font fautiues: mais celles que nous emprun-
tons de la Theologie font toutes pures, &
n'éclipfent iamais. Tous les enfeignemens
qu'elle nous donne font des Oracles de la
premiere verité, defquels il ne nous est pas
permis de douter: toutes les refolutions
qu'elle forme fe doiuent receuoir aueuglément; & il n'est rien de plus agreable que
d'agir felon les regles qu'elle nous prefcrit,
puis qu'elles font toufiours infaillibles.

Les Axiomes de la Philofophie ne font
pas en tout hors de contestation; les Apho-
rifmes de la Medecine font fautifs en beaucoup de chofes; les Theoremes de la Geometrie ne font pas toufiours bien efclaircis;
les Predictions de l'Astrologie, de la Geo-
mance, de la Phifionomie, & de la Chy-
romance, ne font pas infaillibles; les dé-
cifions du Droict ne font pas efgalement
receuës de tous les peuples; les refponces
des Sages ne font pas approuuées de toutes
fortes de Natiós; & il n'est point de fcience

dont les conclusions soient si assurées, que celles de la Theologie : aussi les faut-il considerer toutes, soit Philosophie Naturelle, soit Morale, soit Mathematique, soit Politique, comme les seruantes de celle-cy, qui seule est la maistresse des autres, à qui elles doiuent hommage ; lesquelles pourtant vn Prince ne doit pas ignorer.

*Qu'vn Prince doit estre informé de la Philosophie.*

# CHAPITRE V.

Prince, de l'estime qu'on a tousiours fait des Philosophes, inferez l'excellence de la Philosophie, & de son excellence iugez la necessité qu'il y a que vous en soyez informé. La Philosophie estoit anciennement l'entrée à la Royauté ; c'estoit la premiere marche pour monter sur le throsne ; d'autant que comme les Roys estoient choisis d'entre les Prestres, aussi ceux-cy estoient-ils pris d'entre les Philosophes. Cette grande multitude de Sectes qui ont couru auec tant d'ardeur apres cette sciéce, iusques à se despoüiller de tous leurs biens, pour y vacquer auec plus de repos, nous persuadent euidemment quelle approbation elle auoit parmy les grands Hommes. I'auoüe qu'elle a esté beaucoup corrompuë par le meslange d'vne infinité d'opinions differentes que les Esprits qui se sont meslez de philosopher ont introduit, les vns pour faire voir la gentillesse de leur sçauoir, les autres pour en faire connoistre la profondeur ; les vns pour auoir la gloire d'estre les premiers inuenteurs d'vne proposition nouuelle, les autres pour ne vouloir pas suiure celles qui estoient desia trop communes ; & enfin tous par vne pure vanité. Mais du depuis il s'est trouué des esprits assez perçans qui ont releué la Philosophie de ce cahos, où elle estoit enseuelie, qui l'ont espurée de cent choses inutiles, & l'ont renfermée dans des limites plus étroites qu'elle n'estoit antiennemét. On en fait ordinairement trois parties; sçauoir, la Logique, la Phisique, & la Metaphisique, & toutes trois ensemble sont le trauail d'enuiron vne année.

La Logique, Prince, eſt vne ſcience qui regle les operations de noſtre entendement, & qui nous monſtre vne forme infaillible de raiſonner. Les hommes ayant obſerué par vne longue experience, qu'ils commettoient beaucoup d'erreurs dans leurs raiſonnemens, & que leurs conſequences eſtoient fautiues. Ils ſe ſont formez à la ſuite du temps, des regles & des preceptes, par leſquels l'entendement ſe peut conduire infailliblement dans la recherche de la verité, ils ont veu que cent choſes qui auoient quelque aparence de verité eſtoient pleines d'erreurs, & qu'ils auoient de la peine de ſe deſbarraſſer des Argumens captieux des Sophiſtes ; c'eſt pourquoy ils ont tant trauaillé, qu'enfin ils ont deſcouuert ce qui eſtoit neceſſaire à vn parfait raiſonnement, & en ont formé des Preceptes qui nous monſtrent la verité, ou la fauſſeté d'vne conſequence, qui nous enſeignent comment vn Argument ſe doit baſtir, de quelle façon doiuent eſtre rangez les premices dans vn Sillogiſme, & quel rapport ou quelle liaiſon il y doit auoir entre l'antecedent & le conſequent.

Iugez, Prince, de quelle conſequence il

eſt que vous n'ignoriez pas cette ſcience,
qui purge l'erreur de l'eſprit, qui reſpand
des lumieres toutes pures dans l'entendement, & qui nous ſert de Bouclier pour
parer aux efforts que le menſonge fait ordinairement ſur nous. Puis dõc qu'vn Prince
eſt le Chef d'vn Eſtat, il n'eſt nullement
ſeant qu'il ignore vne ſcience qui regle les
fonctions des Puiſſances qui ont leur ſiege
dans la teſte.

La Phyſique, Prince, eſt la ſcience des
choſes naturelles; elle nous promene dans
l'eſtenduë de tout ce qui ſouffre de l'altera-
tion, & qui ſe trouue compoſé de matiere
& de forme; tantoſt elle nous precipite dans
les abyſmes de l'Ocean, pour nous y faire
voir la cauſe de ſon flux, & reflux; tantoſt
elle nous eſleue iuſques dans les nuës, pour
nous informer de la façon que les Metheo-
res, la neige, la greſle & la pluye, ſe forment; par quel moyen ſe fait ce grand tin-
tamarre au deſſus de nos teſtes, qui ſe rend
effroyable aux ames les plus genereuſes : de
plus elle nous conduit dans les entrailles de
la terre, où elle nous fait enuiſager la diuer-
ſité de tant de minereaux qui y ſont produits, la cauſe de ſes émotions, la ſource des

eaux boüillantes, le foyer du feu que le
Mont Ethna, le Veſuue, & tant d'autres,
vomiſſent inceſſamment : elle nous donne
l'entrée dans la grote d'Eolus, pour nous y
faire voir de quelle façon il ſouffle les vents,
tantoſt auec douceur, & tantoſt auec impetuoſité, ſelon la conſtitution de ſon poul-
mon : elle nous enſeigne comment les choſes inanimées ſe groſſiſſent, comment les ve-
getatiues s'accroiſſent, comment les formes
ſont eſcloſes dans le ſein de la matiere ; la
diference qu'il y a entre la raiſon des beſtes,
& celle de l'homme, dont elle nous fait vne
deſcription ſi parfaite, qu'elle n'oublie pas
vne de ſes puiſſances ſans nous la faire connoiſtre.

Ces gens-là ne ſont-ils pas dignes de com-
paſſion, qui mangent & boiuent ſans ſçauoir comment les alimens ſe conuertiſſent
en la ſubſtance du corps viuant? qui dor-
ment ſans connoiſtre la cauſe du ſommeil?
qui ſe promenent ſans eſtre informez de
celle du mouuement ? qui engendrent
ſans ſçauoir comment ſe fait la generation?
& qui font toutes les actions naturelles par
la ſeule impetuoſité de la Nature? Ne ſe-
roit-ce pas vne choſe honteuſe, qu'vn
Prince

Prince qui eſt eſleué ſur la teſte de tant
d'hommes, fut rabaiſſé à la condition de
ceux-cy par l'ignorance de la Phyſique.

La Metaphyſique, Prince, eſt vne ſcience encore plus generale que la Phyſique,
elle s'eſtend ſur tout ce qui a l'eſtre, & il
n'eſt rien qui ne ſoit ſoûmis à ſes ſpeculations, qui ſont toutes pures, ſans aucun mê-
lange de matiere; c'eſt la ſcience des belles
ames & des grands Eſprits qui prennent
leurs delices à conſiderer les choſes dans la
pureté, & hors la contagion de la matiere.
Vn Eſprit qui eſt informé de la Metaphyſique ſe rend vniuerſel, il connoiſt tout, il
ſçait diſtinguer chaque choſe ſelon la nobleſſe de ſon eſtre, il les ſçait placer chacune en ſon lieu, & il leur donne le rang
qu'elles meritent. Aduoüez donc, Prince,
que l'excellence de la Metaphyſique, con-
uient tres-bien à la nobleſſe de voſtre extraction, & à l'eminence de voſtre caractere, laquelle vous donnera l'entrée à la
Morale.

*Qu'vn Prince doit eſtre inſtruit dans
la Morale.*

## CHAPITRE VI.

PRINCE, i'aduouë que comme nous auons les ſemences de toutes les ſcien-ces dans noſtre eſprit, auſſi poſſedons nous celle de toutes les vertus dans la volonté; mais c'eſt auec ſi peu de vigueur, & ſi impar-faitement, qu'à moins de faire des efforts continuels ſur la pente naturelle qu'elle a de ſe porter au mal , & de trauailler inceſ-ſamment pour acquerir les habitudes Mo-rales qui la redreſſent, il n'eſt malheur où elle ne ſe precipite aueuglément; c'eſt vne Megere qui s'abandonne au gré de ſes paſſions, c'eſt vne furie qui nous trauaille ſans relaſche, & vn Hydre qui pouſſe au-tant de mauuaiſes inclinations que nous en étouffons: cette maiſtreſſe puiſſance par qui toutes les autres ſont meuës, à qui elle im-poſe ſes loix, ſur qui elle domine, & qu'elle

deuroit rāger aux termes de la raisõ, a si peu
de force en elle méme, que sãs le secours des
vertus Morales, elle met la confusion dans
noſtre eſprit, & reſpand le deſordre generalement par tout au dedans de nous.

Mais les rauages & les dégats qu'elle fait
dans vn Prince, ſont bien plus grands & plus
conſiderables que tous ceux que ie viens de
décrire; c'eſt là qu'elle ſe rēd inſolēte au dernier poinct ; elle deuiēt furieuſe & enragée,
lors qu'elle ſe voit ſouueraine & indépen-
dante; elle ne reconnoiſt point les loix, puis
que c'eſt elle qui les impoſe ; elle ſe iouë des
peuples ſur qui elle a vn pouuoir abſolu;
elle s'oublie de l'amour & de la protection
qu'elle leur doit; ſes delices ne ſont qu'à ſuiure ſes mouuemens flateurs & corrompus,
qui reſſemblent à ces torrens que les plus
fortes digues ne ſçauroient arreſter ; elle
croit que tout luy eſt licite, puis qu'elle peut
tout, & qu'il n'y a point d'autre regle par
qui elle ſe doiue conduire, que ſa propre in-
clination qu'elle a accouſtumé de iuſtifier
par le pouuoir qu'elle a de faire tout ce qu'il
luy plaiſt. C'eſt le iargon des Princes mal
conditionnez, de dire, Tout m'eſt permis;
puis que ie peux tout, mon indépēdãce me

met hors le reproche des hommes qui font
obligez à receuoir auec foûmiſſion tout ce
qui leur eſt impoſé de ma part : il n'eſt perſonne qui puiſſe me faire la loy, mais c'eſt
moy meſme qui la dois donner à tout le
monde ; mes ſujets doiuent auoir des yeux
pour m'admirer, des oreilles pour receuoir
mes ordres, vne bouche pour publier ma
grandeur, mais point de langue pour cen-
ſurer mes actions. Ha, Prince! que c'eſt
vn grand malheur à vn peuple qui ſe voit
dominé par des perſonnes qui ſe laiſſent
gourmander à leurs propres paſſions, qui ſe
voit commandé par vn homme ſur qui la
corruption de la volonté a vn plein pouuoir, qui ſe voit ſoûmis à l'empire de celuy
qui ſe laiſſe maiſtriſer par l'impetuoſité de
ſes mauuaiſes inclinations! & il n'eſt pas
poſſible qu'il conçoiue de l'amour pour vn
Prince ſi laſche, il ne peut en auoir que de
l'auerſion, il ne ſouhaitte plus ſa proſperité
ny ſon auancement, il ne fait plus de vœux
pour ſa conſeruation, il n'importune plus le
Ciel pour luy départir ſes benedictions, il
l'abandonne à la conduite du ſort & du
deſtin, ſans prédre aucune part dans ſes diſgraces ny dans ſes intereſts : s'il obeit, c'eſt

auec contrainte & fans amour ; les commandemens de fon Prince les plus raifonnables
luy femblent tous pleins d'iniuftice ; il ferme les yeux pour ne voir pas s'il y a quelque refte de bonté en luy ; & il deuient vn
Argus pour ne laiffer pas efchapper à fa
veuë le moindre de tous fes deffauts ; fes
conqueftes ne luy font plus en confideration, il les attribuë pluftoft au caprice du
fort, qu'à fon adreffe ; il les enuifage comme
des effets du hazart, & non pas comme des
fruits de fa generofité ny de fa conduite.

Il faut donc, Prince, pour ne tomber pas
dans tous les inconueniens que ie viens de
defcrire, que vous preniez le foin de vous
faire inftruire dans les vertus Morales, à
qui la Nobleffe de voftre rang & de voftre
condition donneront vn luftre admirable ;
car la rencontre d'vne illuftre naiffance, &
des perfections que la Morale enfeigne, eft
vn affemblage de beauté qui rauit les yeux
de tout le monde : cette fcience vous apprend à eftre Iufte, Prudent, Genereux,
Temperant, Modefte, Magnifique, Liberal ; & vous formera dans l'exercice de
toutes les bonnes qualitez qui vous font neceffaires pour vous faire cherir & craindre

de tous vos fujets. Quand vn peuple vous
verra Iufte, il s'animera à produire de
belles actions dont il attend la recompenfe;
il aura peur d'en commettre des lafches,
dont il voit la punition toute preparée:
quand il vous verra Liberal, il s'eftudiera
à vous obliger en toutes chofes; s'il vous
voit Genereux, il aura des fentimens
dignes de voftre perfonne, il adorera vos
decrets, il accompagnera de mille vœux
toutes vos entreprifes: quand il verra que
vous aurez de l'amour pour luy, il expofera
tres-volontiers fa vie & fes biens pour
voftre perfonne, & de vos interefts, & des
fiens il n'en fera qu'vn; les Places publiques, & les Carrefours de toutes vos Villes, feront retentir hautement vos loüanges; vous feruirez d'vn charmant entretien
à vne nation entiere, & vous ferez toute fa
ioye; les ieux publics, les theatres dreffez
pour y publier vos Eloges, & les réioüiffances communes, vous feront vn tefmoignage éuident du contentement que reçoiuent vos peuples de poffeder vn Prince fi
acheué, & du plaifir qu'ils ont d'eftre gou-
uernez par vne perfonne dont ils croyent
la conduite iufte & raifonnable, parce

qu'elle eſt reglée par la Morale, qui eſt la
ſcience à qui il appartient de vous mettre
dans le chemin de la vertu, qui eſt le moyen
le plus efficace pour nous faire dominer
auec ſuccez ſur vos ſujets, & laquelle
ayant donné le calme à voſtre eſprit, luy fa-
cilitera l'entrée aux ſpeculations de la Mathematique.

*Qu'vn Prince doit poſſeder les*
*Mathematiques.*

# CHAPITRE VII.

PRINCE, toutes les parties de la Mathematique ſont fort agreables, mais
elles ne ſont pas eſgalement neceſſaires:
celles qui dans mon ſentiment paſſent pour
les plus vtiles à vn Prince, ſont l'Arithme-
tique, l'Aſtrologie, la Geographie, & la
Geometrie, à laquelle il faut faire ſuiure la
Fortification.

La ſcience des nombres eſt la premiere
que vous deuez mettre en pratique, pource

qu'elle est la porte pour entrer dans toutes
les autres qui se seruent ordinairement de
celle-cy dans leurs operations les plus importantes; elle enseigne à adiouster les sommes, à les souftraire, à les multiplier, & à les
diuiser; elle dóné les regles pour en entraire
les racines quarrees & cubes, mais auec
vne si grande exactitude, qu'vn seul zero
mal placé gaste toute l'operation. Cette
science est fort delicate à manier; & quoy
qu'elle ne cósiste qué dans vne cófusion de
nóbres, il y faut garder pourtant vn ordre si
regulier, que le moindre faux pas que vous y
faites vous precipite dans vn abysme d'erreurs, d'où vous ne sçauriez vous retirer
qu'en vous remettant sur les traces qu'elle
vous marque. Dieu semble s'estre reglé
sur l'idée de cette science dans la Creation
du monde, puis qu'il a fait toutes choses en
nombre, poids, & mesure, qu'il a parfait
son ouurage en adioustant vne chose à vne
autre; & les ayant toutes souftraites de son
essence infinie, il le conserue par la vertu
qu'il a donné à ses creatures de multiplier,
& il l'orne merueilleusement par la diuision
qu'il a fait d'vn genre supresme en des genres subalternes; des genres subalternes, en

des especes, & des especes en leurs indiui-
dus; & la distinction qui se remarque dans
leur estre, dans leurs nature & dans leurs
conditions, semble vn effet de l'Arithmeti-
que.

L'Astrologie qui passe pour vne science
superstitieuse, & dont les predictions sont
suspectes à la plufpart des personnes, sert
d'vn bel ornement à vn Prince ; c'est vne
science toute celeste , puis que les Cieux en
sont l'objet, & tous les grands Hommes en
ont voulu estre informez. Iules Cesar,
& Adrian, Empereurs des Romains, Pto-
lomée Prince d'Egypte , Alphonse Roy
d'Espagne , en ont esté grands amateurs,
iugeans que la noblesse de cette science
estoit digne d'accompagner celle de leur
rang: Vous ne sçauriez vous persuader de
quelle vtilité est cette science, puis que par
la consideration de la regularité du mouuement de ces vastes machines, nostre esprit
s'esleue à la connoissance de la grandeur &
de l'excellence du premier moteur , dont ils
publient continuellement la gloire par leur
cadance tousiours parfaitement bien reglée : Les Chefs d'armée s'en sont seruis
dans les dangers tres-pressants dont ils ont

eu vne iſſuë fauorable. On lit de Sulpi-
tius, qu'il diliura ſon armée par l'adreſſe
qu'il euſt à ſe bien ſeruir de cette ſcience
dans vne Eclipſe de Lune qui ſuruint : le
meſme ſe lit de Pericles Athenien, & de
Dion Roy de Sicile  Et tout au contraire,
Nicias Empereur d'Athenes, pour l'auoir
ignorée, voyant ſes trouppes naüales toutes effrayées par vn ſemblable accident,
n'oſa ſortir du port :  ce qui tourna au
grand deſauantage de ce peuple.  Sous
Fernand Roy des Eſpagnes,  Colon (ce
grand Conquerant du nouueau monde)
voyant que ſes trouppes eſtoient dans vn
manifeſte danger de perir par faute de viures, qu'il ne pouuoit obtenir de la rudeſſe
des peuples ſauuages parmy leſquels il ſe
trouuoit, & ayant obſerué qu'en peu de
temps il deuoit ſe faire vne Eclipſe lunaire,
il les menaſſa de grands malheurs qui leur
deuoient arriuer, s'ils ne ſubuenoient à leur
neceſſité, & leur donna pour ſigne la defaillance, en laquelle cét aſtre deuoit ſe
trouuer en vn tel moment : dequoy ces peuples,  ignorans de l'Aſtrologie, ſe moc-
quoient, ſans luy vouloir preſter cette acte
de charité qu'il demádoit ; mais l'effet de ſa

prédiction estant arriué, il ietta vne frayeur
si grande dans l'esprit de cette nation, que
tout aussi tost elle se monstra aussi liberale
enuers luy, qu'elle auoit esté auparauant
rétiue à le secourir dans le grand besoin
qu'il en auoit. Aristote escriuant au grand
Alexandre, luy persuade de ne manger ny
boire, de ne se leuer ny coucher, & de ne
rien entreprendre que par le conseil d'vn
homme expert dans l'Astrologie Parmy les
Ægyptiens, il n'y auoit que les Mathematiciens qui fussent esleuez au rang des Prestres & des Pontifes : parmy les Lacedemoniens, les seuls Mathematiciens montoient
sur le throsne : parmy les Perses les Mathematiciens seuls estoient trouuez dignes de
porter le Sceptre & la Couronne.

Que si nous descendons du Ciel sur la
terre dont la Geographie fait la description,
nous trouuerons cette science aussi vtile à
vn Prince, qu'elle est agreable à toutes sortes de personnes. L'Histoire qui doit faire
vostre entretien le plus ordinaire, demeure
imparfaite par l'ignorāce de la Geographie.
Quand vous lisez la défaite de Pompée dās
les campagnes de Pharsale, si vous ne sça-
uez que Pharsale est vne Ville de Thessa-

lie, que la Theſſalie eſt vne Prouince de la
Gréce, & que la Gréce eſt vne des parties
de l'Europe, voſtre eſprit n'eſt qu'à moitié ſatisfait : ſi vous liſez dans la ſainte Eſ-
criture les lieux que le Sauueur du monde a
honnoré de ſa preſence, le partage que les
Apoſtres ont fait de diuers païs pour y ar-
borer la doctrine de l'Euangile, ou les voyages de S. Paul, voſtre eſprit ignorant de la
Carte n'a que la moitié du plaiſir : ſi l'Hiſtoire vous informe de la naiſſance des Monarchies des Aſſyriens & des Caldéens, des
Medes & des Perſes, des Grecs & des Romains; ſi elle vous fait le recit des cõqueſtes
d'vn Hercule, d'vn Alexandre, d'vn The-
ſée, & de tant d'autres grands Hommes; ſi
vous ignorez les lieux qui ont veu eſclorre
leurs belles actions, vous ne la poſſederez
que fort imparfaitement, & voſtre eſprit
trauaillera inutilement à ſe former des idées
de tous ces endroits ſans aucun bon ſuccez;
pource qu'il ne peut les trouuer que par le
ſecours de cette ſcience, laquelle nous promene ſur toute la terre auec fort peu de trauail. Sans que vous ſortiez de voſtre cabinet, elle vous eſtallera toutes les richeſſes
des Indes, tous les charmes de l'Italie, toute

la generosité de l'Allemagne, la grauité de
l'Espagne, & la gentillesse de la France.
Dans vn moment elle vous donnera à cueillir tous les fruits aromatiques de l'Orient,
elle vous donnera l'entrée dans ses mines,
elle vous fera passer les cuisantes chaleurs
de l'Etiopie, les frimats & les glaçons du
Septentrion, sans que vous en receuiez aucune sorte d'incommodité.

La Geometrie qui enseigne à mesurer la
longueur des lignes, la largeur des super-
ficies, & la profondeur des corps, ne doit pas
eschaper à la connoissance d'vn Prince qui
estant destiné par sa condition aux emplois
de la guerre, il ne sçauroit s'en acquiter
sans le secours de cette science ; elle luy sert
à former ses bataillons, à ranger son armée,
& à disposer ses trouppes en la posture qu'il
iugera luy estre la plus auantageuse. Il ne
peut former le dessein d'vne fortification,
ny le plan d'vne place, que par les lumieres
de la Geometrie, qui en moins d'vn quart
d'heure nous fait monter sur la croupe des
montagnes les plus hautes & les plus diffi-
les d'accez, humilie la pointe orgueilleuse
des plus superbes bastimens qui semblent
par leur hauteur vouloir brauer les Cieux,

& enseigne la methode à ramasser sur vne
feüille de papier l'enceinte de la plus grande
Ville du monde. De celle-cy dépendent la
Trigonometrie & la Fortification ; & toutes ces trois sciences sont si bien vnies, qu'il
semble qu'elles n'en font qu'vne, qu'il n'est
pas permis à vn Prince d'ignorer; lequel
s'estant perfectionné dans les operations de
la Mathematique, s'occupera auec plus de
plaisir à la lecture de l'Histoire.

*Qu'vn Prince doit estre sçauant dans*
*l'Histoire.*

## CHAPITRE VIII.

**P**RINCE, l'Histoire qui r'appelle le
temps passé, & qui dispose de celuy qui
doit aduenir par les aduis & par les sages
conseils qu'elle vous donne, doit faire
vostre entretien le plus familier & le plus
ordinaire. Il y a vn nombre presque infiny
de liures dõt la lecture est fort diuertissante,
mais fort vtile aux grands Hommes qui

cherchent fans relafche à fe perfectionner;
& c'eft vne perte de temps, que de s'occuper fi inutilement. Celle de l'Hiftoire a cet
auantage, qu'en recreant l'efprit de mille
belles chofes dont elle l'informe, en mefme
temps elle luy donne des inftructions qui
luy feruent à fe former vne fage conduite
pour toute fa vie.

Comme la memoire eft en l'homme vn
threfor, où l'entendement & l'efprit vont
puifer ce qui leur eft neceffaire dans leurs
operations, qui fans cette puiffance demeu-
reroient languiffantes & prefque fans
mouuement; de mefme l'Hiftoire eft le
threfor de la focieté humaine, qui conferue
les belles actions des hommes illuftres,
les fages confeils des hommes prudens, &
tous les accidens les plus memorables que
caufe vne grande fuite de temps fur lequel
elle fe rend maiftreffe, faifant renaiftre ce
qu'il a defia deuoré, & donnant vne durée
eternelle à tout ce qu'il femble auoir enfe-
uely fous fon flux continuel. On a beau
dreffer des ftatuës, des trophées de marbre,
des arcs de triomphe, des Colomnes & des
Maufolées magnifiques pour conferuer la
memoire des grands Heros; l'injure du

temps détruit toutes ces choses, & les enſe-
uelit dans l'oubly, ſi l'Hiſtoire ne ſubuient,
qui les rendent immortels par vn fidel recit
qu'elle nous fait de leurs actions. Les peuples les plus groſſiers & les plus rudes qui
n'auoient point l'vſage des lettres, pour ne
tomber pas dans cette horrible ignorance
qui nous priue de la connoiſſance de tout ce
qui s'eſt fait auant que nous fuſſions naiz, &
lors que nous n'eſtions encore que dans les
idées de Dieu, ont inuenté des chanſons où
ils deſcriuoient les choſes paſſées, leſquelles
ils faiſoient apprendre de main en main à
leurs enfans; & il s'eſt trouué que par ce
moyen ils ont conſerué la memoire de huit
cens ans.

Voſtre condition, Prince, a d'autant plus
de beſoin d'eſtre bien reglée, qu'elle eſt
eminente: le ſecours que vous pouuez tirer
de la Philoſophie Morale, eſt beaucoup
plus foible que celuy que l'Hiſtoire vous
preſente, parce que les exemples ſont plus
puiſſans à eſmouuoir, que ne ſont les argumens les plus ſubtils, ou les raiſons les plus
conuaincantes. Les exemples ſont des choſes particulieres accompagnées de toutes
les circonſtances qui tendent à l'action & à

determiner

determiner l'efprit ; mais le raifonnement
eft appuyé fur des maximes generales, qui
vont pluftoft dans l'efpeculation, & dont
l'exercice eft fouuent arrefté par des par-
ticularitez impreueuës qui s'oppofent à
fes refolutions. Par l'exemple des chofes
paffées, Prince, vous apprendrez à fçauoir
faire vn digne iugement du prefent, à pre-
uoir l'aduenir, & à connoiftre ce que vous
deuez embraffer, ou ce qu'il vous eft expedient de reietter. Par le recit que l'Hiftoire
vous fait des actions les plus genereufes qui
ont efté faites par les grands Roys & les
Princes bien nez, par les fages Gouuer-
neurs, & les braues Capitaines, par les Republiques les plus floriffantes, & les peuples les plus puiffans, voftre efprit fe fent
piqué à imiter leur fage conduite, & il n'eft
rien de fi difficile, qu'il ne fe voye en eftat
d'entreprendre auec generofité. Par la peinture que l'Hiftoire vous fait des mœurs,
des loix & des couftumes des nations eftran-
geres, les deffeins des hommes particuliers,
leurs confeils & entreprifes, les moyens
dont ils fe font feruis pour arriuer au plus
haut poinct de gloire, les accidens qui les
ont precipitez aux plus bas degrez de la

fortune, vous en receurez des lumieres qui
vous font neceſſaires pour connoiſtre à
quoy vous deuez vous determiner, quelle
reſolution vous deuez prendre dans les
choſes douteuſes: vous pourrez iuger à peu
pres quel ſuccez peut auoir vne affaire bien
embroüillée, vous ſerez aduerty comment
vous deuez vous comporter dans la proſperité, & quel adouciſſement vous deuez
donner à vos diſgraces.

On a touſiours fait grand eſtat des conſeils des vieilles gens, pource que la longue
ſuite des années qu'ils ont veſcu leur a fait
voir les differents viſages que prennent les
affaires de ce monde, & leur a acquis vne
grande experience qui les rend capables de
ſçauoir iuger bien à propos de toutes les affaires qui ſe propoſent. On deſtine ordinairement à des grands exploits les perſonnes
qui ont beaucoup voyagé, qui ont obſerué
le gouuernement de diuerſes nations, les
maximes de pluſieurs peuples, & les cou-
ſtumes d'vne infinité de Prouinces & de
Royaumes qu'ils ont couru, parce qu'ayant
veu les déciſions & l'iſſuë des plus importantes affaires, ils ſont eſtimez aſſez ſages &
aſſez habiles pour ſe demeſler de tout ce qui

leur fera commis. L'Hiftoire, Prince, vous
offre tous ces auantages, il n'eft pas befoin
que vous ayez les cheueux blancs, ny que
vous ayez vieilly dans ce monde pour vous
former vne experience des chofes qui s'y
paffent : fi vous lifez auec attention les Hi-
ftoriens, vous en apprendrez plus en vn
mois de lecture, que vous ne faites en vingt
ans de temps. Sans fortir de voftre Cabinet
vous ferez auffi bien informé & auffi bien
aduerty de tout cequi fe fait fur la terre, que
ceux qui ont pris tant de peine à s'y promener, & qui ont beaucoup abregé leur vie
par la fatigue des longs voyages qu'ils ont
fait.

La lecture des Hiftoires eft vne efcole de
prudence, que l'homme fe forme dans fon
efprit par la confideration qu'il fait ; par
quels moyens les Monarchies ont efté efta-
blies, par quelles loix elles ont efté reglées,
& par quelle conduite elles fe font confer-
uées dans leur vigueur. Imitez, Prince,
Alexandre Seuere, vn des plus fages & des
vertueux Empereurs des Romains, qui ne
determinoit iamais rien dans les affaires importantes, qui regardoient le gouuernement de fon eftat, que par le confeil des

hommes ſçauans dans l'Hiſtoire qu'ils aſ-
ſembloient, afin de prendre leurs aduis &
afin de ſe regler ſelon leurs ſentimens.

Si dans voſtre ieuneſſe, Prince, vous auez
eſté bien informé de l'Hiſtoire , lors que
l'âge vous permettra de vous ſeruir des armes, ou qu'il vous permettra de porter
voſtre iugement ſur les affaires d'Eſtat , elle
vous fournira les memoires pour bien regler vne armée , les ruſes pour faire bien
reüſſir la guerre que vous entreprendrez, &
les maximes pour determiner toutes vos
entrepriſes. Vos ſentimens ſeront d'autant plus fermes, que vous les verrez ap-
puyez ſur l'exemple des grands Hommes
dont vous aurez leu la vie ; s'il ſe preſente
quelque difficulté, comme il s'eſt trouué par
tout, vous la leuerez fort aiſément, par le
rapport que vous en ferez à des ſemblables
que l'Hiſtoire vous fournira : vous y trouuerez les moyens qui vous ſont les plus conuenables pour faire reüſſir vos deſſeins,
l'adreſſe pour les conduire, & la prudence
à les former. De la connoiſſance de l'Hiſtoire, vous paſſerez en celle de la Cro-
nologie , qui fait la diſtinction des âges &
des ſiecles, & qui range toutes choſes ſelon

le temps qu'elles font arriuées, afin de ne
laiſſer aucune confuſion dans voſtre eſprit,
lequel par la lecture de l'Hiſtoire ſe formera
de belles maximes pour l'œconomie de
voſtre maiſon particuliere.

*Qu'vn Prince doit entendre l'Oeconomie.*

## CHAPITRE IX.

PRINCE, c'eſt vne fatale neceſſité à
l'homme, d'entrer dans vn meſnage, où
les deſplaiſirs ſont ſi ordinaires, & les ennuis par fois preſque inſupportables : pour
vne douceur qui s'y rencontre, il y a cent
amertumes qui le fõt gemir ſous vn fardeau
qui luy eſt d'autant plus difficile à ſuppor-
ter, qu'il s'y voit neceſſité par vne obligation indiſſoluble. Il voit ſa liberté aſſeruie,
ſes deſſeins bornez, ſes entrepriſes trauer-
ſées, & ſes eſperances abbatuës par mille
inconueniens qui s'en enſuiuroient, s'il
vouloit tant ſoit peu ſortir hors les deuoirs
que luy impoſe le meſnage où il ſe voit atta-

ché: mais comme il n'eſt point de venin qui
n'ait ſon contrepoiſon, ny de maladie qui
n'ait ſon remede; auſſi n'eſt-il point de diſ-
grace qui n'ait ſes adouciſſemens ; & pour
celles qui enuironnent vn meſnage, l'œconomie qui enſeigne à bien regler vne maiſon, fait tout ſon ſoulagement. Vous pourriez peut-cſtre penſer, Prince, qu'eſtant
deſtiné par voſtre condition à des emplois
fort releuez, ce ſeroit par trop la rabaiſſer,
que de vous occuper à la conduite d'vn
meſnage, qui eſt l'exercice des perſonnes
les plus baſſes : ces ſentimens qui ont quelque ombre de generoſité, ſont extremement vitieux, & ſçachez qu'il eſt de tres-
grande conſequence à vn Prince qu'il s'en-
tende en l'œconomie ; d'autant que le
peuple qui a touſiours les yeux ouuerts pour
obſeruer principalement la conduite de ſon
Souuerain, tire vn mauuais augure quand
il voit ſa famille mal ordonnée, & infere
fort librement, que s'il n'eſt pas capable, ou
s'il neglige à mettre vn bon ordre dans ſa
maiſon, que difficilement pourra-t'il bien
policer ſon Eſtat. La Maiſon d'vn Prince
eſt vn petit Royaume dont il eſt le Chef,
ſa Femme repreſente ſon Conſeil, ſes En-

fans fes Fauoris, & fes domeftiques fon
peuple, & elle doit eftre bien gouuernée en
ces 4. poincts par les regles de l'œconomie.

Vous donc, Prince, qui eftes eftably à
la tefte d'vne grande famille, vous deuez
occuper voftre veuë à connoiftre parfaitement la portée de vos rentes & de vos biens
pour les employer toufiours vtilement, &
affin de ne faire pas des defpenfes fuper-
fluës, foit que vous efleuiez des edifices
magnifiques, que vous faffiez dreffer des
theatres, que vous regaliez vos amis auec
des feftins fomptueux, que vous foyez fuiui
d'vn grand train, ou que vous departiez
vos liberalitez, prenez bien garde que ce
foit fans vous incommoder, & que vos
biens le puiffent permettre. Vous deuez
occuper vos oreilles à efcouter les deman-
des de vos domeftiques, leurs plaintes, & les
bons confeils qu'ils vous donneront pour
l'agrandiffement & le fouftien de voftre
Maifon: vous deuez occuper voftre bouche
pour leur declarer vos volontez, leur im-
pofer vos ordres, & decider toutes les dif-
ficultez domeftiques; & par ce moyen vous
vous acquiterez de toutes les fonctions d'vn
Chef de famille. Pour ce qui eft de voftre

femme, ie veux que vous ayez de l'eſtime &
de l'amour pour elle. Ie ſçay bien que les
mariages des Princes ſe traittent pluſtoſt
par des raiſons d'Eſtat, que par les maximes
communes qui marient les autres hommes;
ils eſpouſent ſouuent des femmes qu'ils ne
connoiſſent que par l'expreſſion qu'en fait
le pinceau d'vn Peintre, & par le rapport
que des Ambaſſadeurs leur en font; ils s'aſ-
ſocient d'vne perſonne dont ils ne ſçauent
ny les qualitez, ny l'humeur, que fort imparfaitement : mais il n'importe, Prince,
vous deuez eſtimer touſiours la femme qui
vous eſt tombée en partage, comme faiſant
la moitié de vous meſme, comme celle que
le Ciel a deſtiné pour eſtre voſtre compagne
& voſtre aide, qui doit partager eſgalement
auec vous, ou les faueurs de la fortune, ou
les diſgraces du ſort   Quand vous eſtime-
rez ſa perſonne, vous approuuerez ſes conſeils & ſes ſentimens, ſa douceur moderera
voſtre bile, ſa ſage conduite en qui voſtre
eſprit ſe repoſera, vous releuera de beaucoup de ſoins domeſtiques; & ſon adreſſe à
ſçauoir meſnager voſtre humeur, vous releuera de cent deſplaiſirs qui ſuruiennent
dans la ſocieté humaine. De l'eſtime que

vous en ferez, vous pafferez dans l'affection
que vous deuez auoir pour elle; les alliances, & principalement celles du mariage,
font des effets de l'amour, fans laquelle elles
s'affoibliffent & tombent dans vn excez de
langueur fi grande, qu'elles caufent pluftoft
du defplaifir, qu'elles n'apportent du foula-
gement à ceux qui les contractent. Si les
liens de l'Hymenée vous font abandonner
les interefts d'vn pere & d'vne mere, pour
efpoufer ceux d'vne femme, inferez de là
l'amour que vous deuez auoir pour elle,
puis qu'il doit furpaffer celuy que la nature
vous imprime dans le cœur pour vos plus
proches parens de qui vous tenez l'eftre &
la vie, & par qui vous auez efté mis au iour;
il n'y a que les brutals indignes d'auoir la
compagnie d'vne honnefte femme, qui font
incapables de conceuoir les tendreffes de
l'amour qui luy eft deu. Mais, Prince, ces
confiderations ne s'adreffent point à vous, à
qui la nobleffe de voftre condition imprime
des fentimens toufiours genereux; il fuffit
que ie vous aduertiffe de voftre deuoir, &
que ie vous reprefente ce que vous deuez
faire, pour vous y porter fans aucune refiftance. Ce feul nom de femme imprime

l'amitié dans les ames bien nées ; & les secours que vous tirerez de sa compagnie
doiuent estre des puissans esguillons pour
vous persuader de l'aimer. Vous estes fait
vne mesme chose auec elle, par le mariage
qui vous lie si estroittement, que ses des-
plaisirs & ses contentemens, ses disgraces
& ses diuertissemens, & enfin tous ses interests, doiuent estre les vostres. Souuenez-
vous qu'elle vous deliure de la malediction
qui tombe sur celuy qui est seul, qu'elle
vous met en possession du bien que Dieu fit
au premier hôme, lequel il ne trouua pas bó
qu'il demeurât solitaire, mais il luy suscita
vne compagne qu'il tira de son costé, pour
l'aduertir qu'il deuoit la cherir à l'esgal de
soy-mesme ; & cette leçon est pour tous les
hommes, qui sont indignes de viure, lors
qu'ils iront contre ce deuoir diuin. Quand
vous prenez vne honneste femme, il faut que
vous la receuiez comme venant de la main
de Dieu, & comme vn present tres-pre-
tieux que le Ciel vous fait ; & quand vous
la possederez, il faut que vous en ayez de
l'estime, & que vous cherissiez la possession d'vn bien si rare auec toutes les ten-
dresses possibles.

Si Dieu vous fait renaiſtre en vos enfans, prenez bien garde de ne les abandonner pas au gré de leur caprice ; vn bas âge eſt vn roſeau qui eſt mouuant au moindre ſouffle de vent qu'il faſſe, c'eſt vn ieune arbre à qui on donne le ply que l'on veut, c'eſt vne nouuelle terre qui rapporte à proportion du ſoin que l'on prend à la cultiuer. Obſeruez leurs bonnes inclinations pour les fortifier touſiours, & les mauuaiſes pour les déraciner ; ne flattez point vne humeur vitieuſe, mais encouragez inceſſamment vn bon naturel, pour le porter à des actions hautes & genereuſes, qui ſoient dignes de la qualité d'vn Prince ; ne les endormez point dans les dclices, donnez tout à leur neceſſité ; maĩs accordez peu de choſe aux diuertiſſemens ſuperflus d'vne ieuneſſe, laquelle eſtant dépourueuë d'experience, s'abandonne facilement à tout ce à quoy ſes inclinations la portent, ſans faire reflection, ny ſur la baſſeſſe, ny ſur la nobleſſe des actions où elle s'occupe. On a eſté touſiours fort ſoigneux d'examiner les premiers mouuemens qui naiſſent dans vn Prince, comme vn augure tres - certain de ce qu'il doit valoir vn iour ; c'eſt pourquoy il faut auoir touſiours

les yeux ouuerts pour examiner ſa portée
& pour connoiſtre à quelle ſorte d'exercices
il eſt propre. Il y a bien des choſes generales eſquelles tous les Princes doiuent
eſtre formez, mais il s'en trouue auſſi de
fort particulieres auſquelles il les faut deſti-
ner, ſelon que leur naturel y eſt rapportant.
Quand ie dis, Prince, que vous deuez prendre tous ces ſoins pour vos enfans, i'entens
que ce ſoit par l'entremiſe d'vn bon Precepteur à qui vous commettiez leur conduite, dont ie vous ay fait la peinture dans
le deuxieſme Chapitre : c'eſt la plus belle
& la plus pretieuſe de toutes les obligations
que vous pouuez donner à vos enfans ; à laquelle ſi vous venez à manquer, vous ne
ſerez plus vn pere benin, mais vn paraſtre
cruel & inhumain. Quand vous leur laiſſe-
riez les richeſſes d'vn Crœſus, les conqueſtes d'vn Alexandre, & les poſſeſſions
de l'Empire Romain, ſi vous les laiſſez dépourueus d'inſtruction, c'eſt leur mettre
des armes entre les mains pour ſe defaire
eux-meſmes, & c'eſt leur fournir tous les
moyens pour les precipiter en des malheurs
horribles.

Pour ce qui regarde vos domeſtiques,

vous deuez à tous de l'amitié, de mesme que tous vous doiuent de l'obeïſſance. C'eſt vne maxime qu'vn Prince doit garder in- uiolablement, de ſe rendre aimable à ceux dont il ſe ſert dans ſa maiſon ; il eſt entre leurs mains, ils ont l'adminiſtration de ſes biens ; & ſelon l'affection qu'ils ont pour le ſeruice de leur Prince, ils agiſſent auec vigueur à proteger ſes intereſts par tout où ils ſe trouuent. Il faut pourtant faire diſ- tinction des perſonnes ſelon les emplois que l'on leur donne, entre leſquelles vn Prince doit eſtre extremement aduiſé dans l'e- lection d'vn Secretaire qui doit eſtre le de- poſitaire de ſes ſecrets, & de ſes affaires les plus importantes : bien qu'il ſoit capable d'agir de ſoy-meſme, il ne ſçauroit pour- tant ſe paſſer de ce ſecours par qui il eſt re- leué de mille trauaux, lors que dans cet em- ploy il ſe ſert d'vn homme qui luy eſt fidel, & qui cherit plus le bien de ſon maiſtre que le ſien propre. Ces ames intereſſées dont les penſées ne ſont qu'à faire leur main & amaſſer de toutes parts des commoditez, ne ſont point propres à cet office, il faut vn homme legal & entier, lequel vous atta‑ chiez à voſtre ſeruice, par vos liberalitez

& par vos biens faits, affin de le diuertir
d'occuper ſes ſoins ailleurs qu'en ce qui regarde vos intereſts. Vn homme bien nay
qui ſe voit fauoriſé de ſon Prince, n'a plus
des penſées, que pour le ſeruir fidelement;
il victimera ſa vie, il verſera ſon ſang, il
ruinera ſa ſanté auec agréement, pour celuy qui eſt ſon ſouſtien, qui fait ſa fortune, & qui n'oublie pas de l'auancer dans
toutes les occaſions qui ſe trouuent fauo-
rables pour cela. Quand vous aurez
appris, Prince, à bien regler voſtre famille, vous vous verrez en eſtat de ſçauoir agir de la belle maniere auec les Dames.

*De quelle façon vn Prince ſe doit comporter enuers les Dames.*

## CHAPITRE X.

PRINCE, la matiere que ie me propoſe de traitter, eſt auſſi delicate à manier, que la nature des Dames, qui doiuent faire noſtre entretien dans ce Chapitre. Si i'entreprens de iuſtifier des calomnies qu'on leur impoſe, ie paſſeray pour vn homme qui les aime, & on dira de moy que ie luy apprens à faire l'amour ; ſi i'incline à leur condamnation, on m'eſtimera vne perſonne barbare & trop ſeuere, de m'en prendre aux Dames qui ont la douceur pour leur partage, & qui font le ſouſtien de la ſocieté humaine : mais puis que mes ſentimens vont ſeulement à voſtre inſtruction, ie vous les expoſeray auec toute la naïueté poſſible, & ie m'efforceray de garder vn milieu qui ne choque point la ſeuerité ou la froideur que quelques-vns ont pour le ſexe, ny l'a-

mitié que les autres luy portent : ceux là
condamnent generalement toutes les Dames, pour la faute de quelques vnes ; &
ceux-cy femblent leur donner vne approbation efgale : mais il n'en doit pas eftre ainfi
de vous, il faut que dans vos entretiens ordinaires vous fçachiez faire la diftinction
du merite & de la vertu des femmes, lefquelles vous deuez pourtant toutes traitter
auec grande ciuilité, mais voftre eftime doit
eftre pour celles feulement que vous iugez
le meriter. Apres que dãs voftre Cour vous
aurez fait cette élite, ie ne trouue pointqu'il
y ait aucun incõuenient de dõner le téps qui
vous refte à leur entretien; c'eft là que vous
apprendrez plus de ciuilité & plus de modeftie que dans la compagnie des hommes
les mieux faits, qui entre eux fe licentient
toufiours à mille difcours & à mille actions
qui feroient fort mal receuës en la prefence
des Dames. Voftre adreffe & la gentilleffe de
voftre efprit, n'auront iamais tant de luftre,
que quand vous l'occuperez à contrarier
par fois leurs fentimens les plus raifonnables, auec des raifons pleines de douceur &
de fubtilité ; par fois diffimulant ce que
vous n'approuuez pas, principalement lors

que

que vous voyez que leurs interests s'y trouuent engagez, ou que leur humeur est tout
à fait portée à souftenir quelque party ; tantoft en leur donnnant des loüanges qui n'ail-
lent pas toutesfois dans vne flatterie mani-
fefte, tantoft en leur lafchant quelque parole qui les pique en general, mais qui ne
les offence iamais: & quand vous trouuerez
des humeurs qui aiment les grands coura-
ges & les actions martiales, releuez les emplois de la guerre par deffus tous les autres ; fi elles font portées pour les lettes, re-
prefentez leur les Mufes comme des Diuinitez les plus charmantes & les plus agreables qui foient ; fi elles ont vn naturel actif,
dites que l'action qui nous tient toufiours
dans l'exercice, eft le partage des ames genereufes & des efprits forts, que le trauail
& la fatigue ne laffe point ; fi elles fe plai-
fentau repos, dites leur que le repos eft la
mere de nos plus belles fpeculations, que
c'eft là que nous puifons nos plus riches
penfées, que nous foulageons nos ennuis les
plus facheux, & que nous forgeons des
armes pour parer aux coups les plus rudes
de la fortune; fi elles fe tefmoignent paffion-
uées pour l'honneur, dites leur que ce font

E

des sentimens tres genereux, qui nous font
postposer nos biens, noftre vie , & tout ce
que nous auons de plus cher dans le monde
à fa conferuation , & qu'il n'y a que les
ames baffes qui peuuent furuiure au des-
honneur & à l'injure qui leur aura efté
faite ; fi elles ont le cœur aux richeffes, re-
prefentez leur qu'elles font le fouftien de la
vie, qu'elles font le reffort qui fait tout
mouuoir, & que la pauureté eft la chofe du
monde la plus infupportable ; fi elles font
ambitieufes, faites leur voir que les ames
piquées d'ambition, font toufiours en eftat
de faire des actions releuées, qu'elles font
incapables d'en produire des baffes , & que
tous leurs delices font à fe faire remarquer
par deffus tous les autres : enfin mefnagez
l'humeur des Dames auec adreffe & auec
beaucoup de modeftie, dont elles font vne
grande eftime, à caufe de la pudeur naturelle qui leur eft imprimée dans le cœur.

Les armes les plus fortes pour obtenir les
bonnes graces des Dames, font la douceur,
fecondée de beaucoup de ciuilité ; & la modeftie, qui vous defend de commettre la
moindre indecence en leur compagnie.
Quand vous vous ferez formé l'habitude

de ces deux qualitez, vous ne les exercerez
pas seulement enuers le sexe, mais encores
euuers toutes les personnes qui auront à
faire à vous; & par là vous vous rendrez l'a-
mour de tout le monde. Cette conqueste sur
les esprits est bien plus noble que toutes celles que vous pourriez faire sur la terre, parce que vous vous mettez en possession de la
plus belle partie de l'homme; tous les mouuemens que la violence des armes fait faire
à des peuples subiuguez, vous doiuent estre
en fort petite estime, d'autant que c'est la
force & non pas l'amour qui les anime: aussi
pour le regard des Dames, vous deuez bien
plus aimer leur esprit que leurs corps. Ie
vous aduouë qu'il y a vn grand plaisir de
voir vn beau visage, vn corps bien propor-
tionné, vne riche taille, la teste mediocre,
les cheueux dorez, le front large, les yeux
à fleur de teste, les iouës bien fournies, le
nez aquilin, les levres de corail, les dents
d'yuoire, le manton fourchu, le visage tousiours gay, le col & les bras moyens, les
doigts longs & droits, auec tout le reste de ce
qui forme vne rare beauté. Mais toutes ces
choses passent comme vn esclair, leur durée
est esgale à celle d'vne belle fleur qui naist

au matin, & qui se fane au soir : les brulantes chaleurs d'vne fiévre tierce, peuuent en moins d'vn mois ternir le vermillon d'vn visage ; les froideurs d'vne quarte efface-ront les traits les plus releuez, & vne seule incommodité est suffisante de ruiner vne beauté la plus acheuée. C'est pourquoy, Prince, ne vous rendez iamais idola-tre de la beauté d'vn corps, mais aimez la beauté de l'esprit, qui est au dessus de toutes les disgraces du sort : mais pource qu'il y a d'autres rencontres que celle de l'en-tretien, où vous auez à faire aux Dames, ayez cette maxime generale pour toutes, de vous declarer leur Protecteur & le iuste vengeur des torts que l'insolence des hommes a accoustumé de leur faire. Les sots n'estiment dans le monde rien de plus foible qu'vne femme ; ce qui les enhardit à persecuter le sexe par fois dans des excez horribles ; mais quand leurs senti-mens seroient veritables, c'est ce qui de-uroit les arrester, s'ils estoient piquez de quelque generosité. Quelle gloire y a-t'il à persecuter ou à vaincre vn ennemy foible ? quel honneur y a-t'il à combatre vn sujet où on ne trouue point de resistance ? Il est

bien plus seant de proteger ceux qui ont besoin de protection , & de soulager ceux qui
sont en necessité de soulagement. Ie ne
puis m'empescher de condamner ces humeurs fieres & barbares qui ne sçauroient
trouuer aucune excuse à leur crime. Ne permettez iamais qu'en vostre presence on des-
chire la renommée d'vne Dame, ou qu'on
choque son honneur ; imposez le silence à
ces bouches médisantes, qui par faute de
quelque bon entretien, s'occupent si basse-
ment. Mais pourquoy faut-il qu'apres tant
d'obligations dont nous sommes redeuables
au sexe, que nous en fassions le suiet de nos
mocqueries & de nos plus piquantes medi-
sances? C'est vne ingratitude insuportable,
& il se remarque ordinairement que ceux
qui sont entachez de cette imperfection, &
qui font tous leurs delices à declamer contre les Dames, sont ceux qui se licentient
auec plus de liberté à toutes les desbauches
qui regardent le sexe; ce qui les rend encore
plus criminels de persecuter vn obiet pour
lequel ils ne sçauroient s'empescher d'auoir
de l'amitié. Se peut il trouuer rien de plus
ridicule que ces hommes, qui s'estans mon-
trez si passionnez fort long-temps pour le

feruice de quelque Dame, de qui peut eftre
apres vn fiecle de perfecution ils auront obtenu quelque legere faueur, la vont procla-
mer dãs toutes les bonnes cõpagnies, y ad-
iouftant cent chofes qui font tout à fait ef-
loignées de la verité? Ces ames fõt indignes
d'entrer dans le commerce des Dames, & incapables de traitter les myfteres de l'amour.
Si vous vous rencontrez, Prince, dans le
fac de quelque Ville, où la violence des
armes peut tout, efpargnez la pudicité des
honneftes Dames, ou pluftoft permettez
qu'on leur mette le coufteau à la gorge, &
le poignart dans le fein, auant de leur ofter
la chofe qu'elles eftiment le plus dans le
monde. Pour ce qui regarde voftre perfonne, foyez extrémement moderé fur ce
fuiet, foit en temps de guerre, foit en temps
de paix: fouuenez-vous que l'attentat de
Tarquin fur Lucrece, a efteint la race des
Roys dans Rome; & que le rapt d'Helene,
a efté la caufe de tant de malheurs qui font
tombez fur Troye. Par tout comme il y a
des ames brutales pour accabler le fexe, il
s'en trouue auffi de genereufes qui le pro-
tegent & qui le defendent des violences qui
luy font faites. C'eft le parti que vous deuez

prendre, comme le plus raiſonnable, donnant touſiours voſtre protection aux Dames que vous deuez traitter en toutes les
rencontres auec beaucoup de douceur &
auec grande modeſtie : cette façon d'agir
ſera vn puiſſant motif pour vous faire craindre ſans vous faire haïr de vos ſujets.

*Qu'vn Prince ſe doit faire craindre*
*ſans ſe faire haïr de ſes ſujets.*

## CHAPITRE XI.

PRINCE, il eſt temps que ie vous dérobe
à voſtre Cour, pour vous promener
vn peu dans les emplois de la Politique, &
dans les exercices de la Guerre, qui ſont les
deux occupations les plus importantes pour
le ſouſtien d'vn Eſtat. D'abord ie vous repreſente la neceſſité qu'il y a d'eſuiter la
haine des peuples, parce que c'eſt la choſe
du monde qui cauſe le plus de deſordre dans
vn Eſtat, qui ne ſe voit iamais bien affermi,
que quand il y a vne parfaite vnion du

du Prince auec ſes ſujets; & cette vnion ne
ſçauroit ſe trouuer, ſi le peuple conçoit de la
haine pour ſon Souuerain, à qui il doit de
l'amour & de la crainte.

Pour eſuiter cet inconuenient qui pourroit enfin aller à la ruine totale de voſtre
Eſtat, il faut vous regler par deux maximes;
dont l'vne eſt de vous abſtenir des biens de
vos ſujets, & l'autre de n'attenter iamais ſur
la pudicité de leurs femmes, ou de leurs
filles. Ces deux choſes ſont les plus cheries
vniuerſellement de toutes les nations, qui
ſouffriront plus volontiers la perte de leurs
pere & mere, que celle de leurs biens qui
ſont le ſouſtien de la vie, laquelle ils expo-
ſeront encore plus franchement, que de ſe
voir deſ-honnorez, ou en leurs femmes, ou
en leurs filles. Vn peuple entier qui ſe voit
deſpoüillé de ſes cõmoditez par l'iniuſtice
d'vn Prince, deuiét vne furie enragée, qui
s'arme de feu & de flâme contre luy; &
voyát qu'il n'a plus rien à perdre, il s'expoſe
à tous les dãgers meſme les plus euidés, pour
ſe vanger du tort qu'il reçoit. Luy qui deuroit faire le ſouſtien de l'Eſtat, en cherche
les moyens pour le ruiner : luy qui eſt obligé de contribuer à ſon agrandiſſement, ſe

ietté volontiers dans le parti des ennemis qui tâchét de l'affoiblir; & il n'eſt rien qu'il ne tante, pour abbatre l'authorité de celuy dont il ſe voit mal traitté. Quand vous aurez gardé ces deux maximes, il faut vous occuper à vous faire craindre pluſtoſt que de vous faire aimer; d'autant qu'il eſt preſque impoſſible à vn Prince de meſler l'amour de ſes ſujets auec la crainte, mais il ſe peut bien faire qu'il ſera craint ſans eſtre hay. Vous ne deuez pourtant rien oublier pour vous rendre aimable dans voſtre Eſtat; mais quád vous verrez que vos efforts ſerót vains, employez les à imprimer de la crainte dans le cœur de ceux que vous auez à gouuerner.

Les peuples ſont ordinairement ingrats, volages, diſſimulez, amateurs du gain, & qui ne s'expoſent pas volontiers aux dangers qui menaſſent vn Eſtat, qu'autant que leurs intereſts les y engagent. Tandis qu'vn Prince leur départ ſes liberalitez, ils ſemblent pleins de zele pour ſon ſeruice, pourueu qu'il n'y aille rien du leur, & qu'ils ſe voyent eſloignez du peril: mais s'il arriue quelque vrgente neceſſité où leur ſeruice ſoit neceſſaire, tout auſſi toſt ils ſe reuoltent & changent l'ardeur d'vn zele apparent en vne veritable froideur qui les rend sans mouuement, pour secourir vn Estat qui est sur le panchant de sa ruine. Que si vn Prince s'appuye sur les assurances d'vn amour interessé qui s'acquiert par la seule force des biens faits, côme est celuy des peuples, il se trouuera enfin trompé, & il connoistra par les desordres qui suruiendront, qu'il n'y a rien au monde de plus fragile ; car les hômes s'esleuent plus volontiers contre celuy qui préd attache à se faire aimer, que contre celuy qui se fait craindre, d'autant que l'amour qui se forme par vn motif d'obligation, est facilement ruiné par la malice d'vn peuple qui cherche en toutes choses ses propres commoditez: mais la crainte que la peur du chastiment imprime dans leurs esprits, est d'vne durée bien plus grande, qui ne les abandonne iamais, pource qu'ils se voyent soûmis sous vne authorité souueraine qui peut tousiours les chastier. Si dans vn Estat tous les hommes agissoient par des sentimens du bien public, vn Prince deuroit bien plustost trauailler à s'acquerir leur amitié, qu'à se rendre redoutable: mais pource que la pluspart agissent par interest, & qu'ils n'aiment la cause publique que

pour leur propre vtilité, il eſt tout à fait expedient que le Prince informé de leur humeur les range à leur deuoir par la crainte de la punition, lors qu'ils manqueront
tant ſoit peu au deuoir qu'ils ont de contribuer toutes leurs forces à la conſeruation
& à l'agrandiſſement de ſon Eſtat.

Quand la neceſſité vous obligera de porter les armes, ſoit pour vous venger d'vne
nation ennemie, ſoit pour rentrer dans la
poſſeſſion des terres qu'on aura vſurpé ſur
vous; c'eſt dans cette rencontre que voſtre
ſeuerité doit aller dans l'excez pour main-
tenir vn bon ordre parmy les ſoldats qui
compoſeront voſtre armée. Ces gens nour-
ris dans le ſang & dans le carnage, paſſent
facilement au meſpris d'vn Chef qui les
traitte auec douceur ; ils ſe perſuadent
qu'ils ſont craints de celuy qu'ils doiuent
craindre, & dans cette reflexion ils ſe licentient fort librement à commettre mille choſes contre les loix de la guerre, & qui vont
à la ruine du Prince. Si vous entrez dans l'e-
xamen de la conduite du grand Hannibal,
vous trouuerez que de toutes les belles qualitez dont il eſtoit orné, il n'y a eu que ſa
ferocité naturelle & ſon humeur fiere, qui

ait maintenu en intelligéce cette grande armée, compofée de tant de diuerſes nations
qu'il commandoit; & ſes autres perfections
n'eſtoient pas ſuffiſantes à produire cet
effet, qui donne de l'admiration à tous les
Hiſtoriens. Scipion, qui faiſoit l'ornement
de ſon temps, & dont la memoire vit encore parmy toutes les nations, à cauſe de la
rencontre de tant de perfections qui s'e-
ſtoient aſſemblées dans cette ame genereuſe, n'a pû eſuiter la reuolte de ſon armée
dans les Eſpagnes, & ſa douceur naturelle
l'a expoſé à des perils d'où il ne ſe fut iamais
releué, ſans qu'il viuoit ſous l'authorité du
plus auguſte & du plus ſage Senat du monde, qui auoit accouſtumé de diſſimuler les
manquemens qu'il voyoit naiſtre d'vne
bonté illuſtre. Mais la plus forte raiſon
qu'vn Prince a de ſe faire pluſtoſt craindre
qu'aimer, eſt fondée ſur ce que l'amour des
peuples ſe forme ſelon leur caprice, & ſe
trouue hors la diſpoſition d'vn Prince; mais
la crainte qu'il leur donne dépend entierement de luy dont il vſe à ſon gré; & il eſt
bien plus raiſonnable que le Prince s'appuye ſur ce qui eſt à luy, que non pas qu'il
ſe fie en ce qui appartient à vn autre. De

cette façon vn Prince qui se fera craindre
sans se faire haïr de ses suiets, esuitera en
mesme temps leur mespris.

## Qv'vn Prince doit esuiter le mespris de ses Sujets.

# CHAPITRE XII.

PRINCE, l'esclat du throsne où vous
estes assis, ne suffit pas pour imprimer le
respect dans le cœur de vos peuples; & toute la gloire qui vous enuironne, n'a pas assez
de force pour les ranger à l'obeïssance qu'ils
vous doiuent. Si la Majesté du Prince n'est
secondée des qualitez qui le mettent à couuert du mespris de ses sujets, il se verra bien
tost déthronisé, & il choirra infailliblement
de la grandeur en laquelle il est esleué.
D'autant plus que vostre condition est
eminente, d'autant plus est elle suiette aux
disgraces de la fortune, & exposée à la per-
secution d'vn nombre infini de ialoux, d'en-
uieux, & de mescontens, qui taschent par

tout d'obſcurcir voſtre gloire, & d'abbatre voſtre puiſſance, principalement lors qu'ils ne remarquent pas en vous les bonnes qualitez qui ſont neceſſaires pour rompre leurs efforts. Les peuples paſſent ordinairement du meſpris qu'ils font de leur Souuerain, à des reuoltes & à des guerres ciuiles, qui cauſent des horribles confuſions dans vn Eſtat, & qui vont à ſa ruine totale. Ie veux donc, Prince, vous expoſer les maximes que vous deuez tenir pour eſuiter d'eſtre meſpriſé de vos ſuiets, & par là vous mettre à l'abry de tous les dangers qui s'en enſuiuent. La grãdeur de courage, la ſeuerité, & la force, ſont les armes dont vous vous deuez ſeruir à cet effet Quãd vos actiõs paroiſtront partout genereuſes & graues, vos reſolutions fermes & conſtantes, ſçachez qu'vn peuple qui vous verra agir de cette façon, ne cõceura iamais des bas ſentimeus pour voſtre perſonne : tout au contraire vous vous acquerrez ſur luy vne eſtime & vne reputation tres granſe qui luy oſtera l'enuie & les occaſions de ſe reuolter contre vous ; car difficilement s'eſleue-t'on contre vn Prince qu'on iuge eſtre vn excellent homme. Mais ſi vous paſſez pour leger, in-

conſtant, irreſolu, puſillanime, & effemi-
né, vous ſerez ſaiſi d'vne double crainte
de la reuolte de vos ſujets au dedans, & des
puiſſances eſtrangeres au dehors, qui vont
fondre ordinairement ſur les Eſtats, dont ils
voyent le Chef en fort petite conſideration.
Quand vous ſerez aſſis dans voſtre Conſeil,
pour y reſoudre des affaires d'importance,
qui vont à mettre vn bon ordre parmy vos
ſujets, ſoyez touſiours conſtant & ferme
dans vos ſentimens; & apres auoir pris
quelque reſolution, monſtrez vous genereux à l'executer, paſſant au deſſus de toutes
les oppoſitions qui pourröient s'y rencontrer. Eſcoutez auec attention les ſentimens
de vos Conſeillers, ſouffrez leurs aduis, &
receuez leurs conſeils; mais que ce ſoit vous
qui donniez la concluſion de la matiere qui
s'y traitte, ſans vous laiſſer fleſchir à aucune de tant de differentes opinions qui s'y
propoſent. Il ſe trouue dans les Hiſtoires
trois ſortes de conſtitution des Princes; la
premiere, eſt celle d'vn Prince qui peut agir
de ſoy-meſme; la deuxieſme, de celuy qui
agit par vn autre; & la troiſieſme, de celuy
qui eſt incapable d'agir, ny par autruy, ny
par ſoy-meſme. Cette derniere côdition eſt

inutile & messeante à vn Prince qui a souuent transporté les Monarchies d'vne famille ou d'vne nation en vne autre : la deu-
xiesme est bonne, & suffit pour conseruer le
Prince dans son authorité, quand il se sert
des personnes capables de le bien conseiller;
mais la premiere est noble & genereuse,
digne d'vn Monarque qui se voit independant de tout le monde, non seulement dans
l'authorité que Dieu luy a donnée, mais
encore dãs tous les desseins qu'il veut entreprendre : agir par vn autre à quelque chose
de bas, mais agir de soy-mesme, est vne conduite souueraine qui approche celle du premier moteur qui meut toutes choses, sans
receuoir aucune impression d'vn mouuement estranger. C'est dans cet estat, Prince,
que ie voudrois vous mettre, afin que de
vous mesme vous fussiez assez fort pour
former & pour executer vos resolutions,
sans auoir besoin du secours de personne.
Sur tout, Prince, gardez vous bien de vous
regler par les conseils de quelque femme,
quelque degré de proximitéqu'il y ait entre
vous & elle. Ie sçay bien qu'il s'en trouue
d'assez genereuses & d'assez fortes pour
gouuerner tout vn Estat ; mais pource que
les

les exemples en font fort rares, il eft tres-
perilleux de vous en feruir; c'eft vn malheur pour elles dequoy le fexe eft eftimé fi
volage & fi inconftant, dequoy il pa ffe pour
le fujet de toutes les foiblefies humaines, &
pour le ioüet d'vn caprice infolent. Alexandre Empereur des Romains, qui aimoit
tant la juftice & la bonté, ne pût empefcher
la reuolte de fon armée, parce qu'il fe gou-
uernoit par les confeils de fa propre mere;
& ç'a efté la feule caufe de fa mort. Si vne
fois vous auez obtenu ce poinct de vous
rendre venerable parmy voftre peuple par
vne conduite genereufe & feuere, difficilement fe trouuera-t'il des efprits affez
broüillons qui remuënt quelque chofe contre vous, d'autant que le deffein d'vn Chef
de coniuration eft toufiours de fatisfaire à
vn peuple mécontent par le parricide exe-
crable de fon Prince ; & quand il le voit en
veneration parmy fes fuiets, il n'a plus de
force ny de mouuement pour former l'idée
d'vn deffein fi abominable, parce que le
pretexte fur quoi il fe fonde fe trouue ruiné.
Ne craignant donc point les reuoltes du dedans, vous vous ioüez de la puiffance de vos
plus forts ennemis qui font au dehors ; vous

F

auez chez vous des armes & des amis qui
fçauent les manier ; vous poffedez vn peuple foûmis à voftre conduite, de qui vous
tirez le fecours qui vous eft neceffaire pour
entretenir vne armée qui s'oppofe à leurs
efforts, & qui rompt tous leurs deffeins ;
car vn peuple qui a du refpect & de la veneration pour fon Souuerain, aime fes interefts, & confpire au bien public en tout
ce qui dépend de luy.   Tous les grands
Princes qui ont voulu eftablir ou affermir
des Empires, ont d'abord tâché d'imprimer
vne haute eftime d'eux-mefmes dâs le cœur
de leurs peuples : Les vns fe font dits def-
cendre de la race des Dieux, comme a fait
le grand Alexandre ; les autres d'auoir vne
familiarité tres-particuliere auec quelque
Diuinité, comme a fait Numa Pompilius :
& quelques-vns fe font portez à ce poinct
d'infolence, de fe nommer de veritables
Diuinitez, pour s'acquerir la veneration de
leurs peuples, fur qui les apparences de la
Religion peuuent tout :   Et de toutes les
qualitez que ie vous ay propofées pour vous
faire éuiter le mépris de vos fuiets, il n'y
en a point de plus efficace, que de vous montrer extremement religieux, & ialoux de

toutes les choses qui regardent le culte Diuin. Le peuple qui voit vn Prince amateur
de la Religion, ne l'enuisage plus comme
vn homme, il le considere comme vn Dieu,
de qui il est l'image & le Lieutenant sur la
Terre, sur lequel il s'acquiert en suite fort
facilement vne reputation fort extraordinaire.

*Qu'vn Prince se doit acquerir de la re-*
*putation parmy son peuple.*

## CHAPITRE XIII.

PRINCE, apres vous auoir donné les
maximes pour ietter la crainte, & imprimer le respect de vostre gloire dans les
esprits de vos suiets, il faut que ie vous de-
clare celles que vous deuez tenir pour vous
faire considerer. Il ne suffit pas qu'ils vous
ayent en veneration, il faut encore qu'ils
conçoiuent de hauts sentimens de vostre
personne; & comme ils peuuent vous
craindre sans vous haïr, aussi peuuent-ils

vous refpecter fans vous eftimer beaucoup.
Le refpect naift de la pieté & de la vertu qui
fe mefle parmy la majefté d'vn Prince ;
mais l'eftime vient de plus haut, elle fe forme fur les rares exemples qu'il donne de fa
conduite dans les affaires du dedans , & fur
les hautes entreprifes qu'il fait au dehors.
La vertu a cela de commun dans tous les
hommes, qu'elle les rend venerables aux
yeux de ceux qui la connoiffent ; & parce
qu'elle a plus d'éclat dans vne eminente
condition, elle fe fait auffi plus remarquer
en la perfonne d'vn Souuerain ; mais il arriue fouuent que nous reuerons ce que nous
n'eftimons pas beaucoup, parce que l'eftime ne regarde pas feulement vne fage conduite reglée par les maximes de la Philofophie morale ; mais pluftoft elle s'attache à
vne conduite genereufe, qui vous infpire
des deffeins fort releuez, & qui vous fait
quelquefois oublier la iuftice, pour vous
porter à des entreprifes qui ne font pas
communes, lefquelles il eft tres-important
de colorer d'vne apparence de Religion, fi
l'occafion fe trouue fauorable ; ou du moins
il faut les accompagner d'vn pretexte apparent de pieté, qui a vne force merueil-

leufe fur l'efprit des peuples, que le fentiment de Religion & de pieté touche par
deffus toutes chofes. L'exemple de Fernand
Roy d'Arragon, vous doit feruir de regle.
Ce Prince fut au commencement tres-foi-
ble ; mais depuis qu'il attenta fur la Gre-
nade, fous pretexte d'en chaffer les Mores,
ennemis mortels de la Religion Chref-
tienne, cette entreprife luy reüffit auec tant
de fuccés, qu'il fe vit en eftat d'affaillir l'A-
frique & l'Italie ; & il monta à vn fi haut
degré de puiffance, qu'il eut affez de har-
dieffe pour attaquer la force & la generofité
des François. Les eftendarts arborez des
marques de la Religion, font de puiffantes
exhortations pour animer les cœurs de
tous les foldats qui compofent vne armée :
on n'a plus de peine de les perfuader au
combat, quand ils voyent paroiftre à dé-
couuert l'infcription d'vne iufte caufe.
Fuyez fur toutes chofes l'oifiueté, & mefme de vous tenir dans cet eftat qu'on appelle de neutralité, que ie trouue extremement preiudiciable à la grandeur d'vn
Prince qui deuroit pour fa reputation prendre toufiours party aupres de quelque
Puiffance, auec laquelle il iuge faire bien

ſes affaires, & ſe montrer par tout ou bon
amy, ou conſtant ennemy ; d'autant que s'il
ſe rend indiferend, il s'expoſe à tomber entre les mains de celuy qui ſe verra vainqueur, duquel il ne doit attendre que toute
ſorte de ſeuerité & de mauuais traittement,
pour n'eſtre pas voulu entrer dans ſes intereſts. Dans cet eſtat il s'attire ſur ſoy meſme la fureur des armes victorieuſes, & la
haine de celles qui n'ont pas eu vn ſuccés
fauorable. Il eſt vray qu'il ne faut pas qu'vn
Prince s'allie, que dans vne extréme neceſſité, à celuy qui eſt beaucoup plus puiſſant que luy, pour en deſtruire vn autre,
parce que le ſecours qu'il luy donnera tournera à ſon deſauantage, car il ſe verra ſoûmis à la diſcretion du vainqueur ; ce qui le
met dans quelque dépendance, laquelle eſt
iniurieuſe à vn Prince : mais d'vne puiſſance égale ou fort peu ſuperieure, il n'y a
rien à craindre, & c'eſt vne grande prudence de s'vnir à elle, pource que ne
pouuant pas vaincre ſans le ſecours que
vous luy preſtez, vous la ſoumettez à vous
par vne obligation tres-puiſſante ; & ayant
fait épreuue de vos forces, elle craindra de
tourner ſes armes contre vous, qui apres

l'auoir faite triompher, pourriez la vaincre, en vous alliant à ses ennemis. Que si le malheur veut que voftre party foit mis en déroute, vous vous trouuerez foulagé par la compagnie d'vn allié qui vous affiftera en tout ce qui luy reftera de moyens, & vous viurez toufiours dans les efperances de vous remettre. Enfin, Prince, de quel cofté que la Fortune fe tourne, il n'eft rien de fi auantageux pour vous acquerir de l'eftime, & vous faire remarquer vn excellent homme, que de vous déterminer à quelque party. On foupçonne toufiours vn Prince qui choifit la neutralité, ou de foibleffe, ou de peu de refolution, & il fe rend fufpect à tous les autres qui ne daignent pas remuer en quelque danger qu'ils le voyent expofé.

Ce qui donne encore vn grand luftre à vn Prince, c'eft lors qu'il fait paroiftre qu'il a de l'eftime pour les perfonnes qui excellent en quelque fcience, ou en quelque art, qu'il les honore de fes liberalitez, & qu'il les protege dans toutes les rencontres. Le credit que les gens fçauans s'acquirent fur l'efprit de tout vn peuple, eft fi grand, que quand il voit que le Prince fçait reconnoiftre leur merite, il le iuge d'abord ca-

pable de grandes chofes, puis que ceux qui
les poffedent font cheris de luy. On n'aime
que ce que l'on connoift, & la force de l'a-
mour eft toufiours proportionnée à la grandeur de la connoiffance qu'on a d'vn rare
fuiet. Quand vn Prince ne feroit pas genereux, s'il aime les perfonnes qui font
profeffion de generofité, il s'acquerra vne
fauorable opinion parmy fes fuiets, qui
auront ce fentiment de luy, que les hommes
excellens luy eftant en veneration, il doit
auffi fans doute poffeder les perfe
ctions
qu'il remarque, & qu'il cherit és autres.
Vous deuez encore, Prince, entretenir
voftre peuple occupé aux réioüiffances publiques qui fe prattiquent dans tous les
Eftats en de certains temps de l'année. Là
il faut exercer vos liberalitez, rabaiffer la
gloire de voftre thrône fans la fleftrir, &
vous rendre familier à vos fuiets, fans choquer la maiefté d'vn Prince : vous deuez
vous montrer facile à les honorer de voftre
prefence, qui les animera à montrer toute
leur adreffe dans les exercices qui s'y prattiquent, laquelle vous deuez fort exalter,
& leur témoigner la complaifance qui vous
vient de voir voftre peuple dans des ré-

ioüiſſances communes auſquelles l'amour
que vous luy portez vous fait prendre part.
Et pource que la Religion eſt vn des plus
puiſſans motifs qui peuuent non ſeulement
vous faire éuiter le mépris de vos ſujets,
mais encore vous acquerir de l'eſtime ſur
tout vn peuple, ie m'en va vous faire voir
de quelle importance il eſt qu'vn Prince ſe
monſtre par tout Religieux.

*Qu'vn Prince ſe doit montrer par tout
fort Religieux.*

## CHAPITRE XIV.

PRINCE, le ſentiment de la Religion
eſt ſi naturel à l'homme ( peut-eſtre
parce qu'il tire ſon origine du Ciel ) & il
a vn ſi grand aſcendant ſur ſon eſprit, que
par là les peuples les plus farouches ſont
appriuoiſez. Il n'eſt point de nation qui ne
s'en pique auec vn zele qui s'arme de feu &
de flâme, quand il s'agit de ſes intereſts.
L'Italie & l'Eſpagne ſe ſeruent de la ſette-

rité de l'Inquiſition, pour conſeruer la Foy
Romaine dans ſon luſtre. L'Alemagne,
pour la pluſpart, les Prouinces vnies du
Païs-bas, la Suede, le Dannemarc, & l'Angleterre, qui font profeſſion de la Religion
Reformée, ou Lutherienne, ſe monſtrent
partout ſi contraires aux ſentimens de Rome, qu'il n'eſt perſonne ſi oſée de les publier ouuertement; & il n'y a preſque dans
toute l'Europe, que la France, qui reçoiue
indiferemment Caluin & le Pape. Cette
cataſtrophe horrible arriuée en nos iours
dans la Grande Bretagne, qui fait tomber
des larmes de ſang des yeux de tous les gens
de bien, a pris ſon commencement ſur les
pretextes de la Religion; & ces genereux
efforts des Princes d'Orange qui ont ſouſ-
trait tant de Prouinces de l'obeïſſance du
Roy des Eſpagnes, ſont des effets de la violence qu'on a voulu leur faire dans les matieres de la Foy, qui ne veut iamais eſtre
forcée, & qu'on ne doit point perſuader aux
hommes par la force des armes, mais par la
Predication de l'Euangile. Enfin les choſes
les plus remarquables que nous conſide-
rons dans les Hiſtoires, ont eſté prattiquées
ſous quelque couleur de Religion, dont

les grands hommes se sont tousiours seruis
comme d'vn moyen tres-efficace, soit pour
establir, soit pour conseruer, ou pour estendre vn Estat. Quelque heureux commencement que Romulus ait donné à Rome, à grand peine se fust elle conseruée
dans son éclat, si le Ciel n'eut suscité le Religieux Numa, lequel ayant à faire à vn peuple rude & grossier, retiré pour la plufpart
des Forests dans cette nouuelle Ville, se feruit de la Religion pour le rendre plus traittable, & le ranger à vne obeïssance ciuile,
qui étouffât toutes les discordes que le naturel fougueux de ce peuple sauuage pouuoit susciter dans cette nouuelle Republique. Ce qui luy reüssit si auantageusement,
que la veneration des Dieux y fut obseruée
auec plus d'exactitude qu'en pas-vn endroit
du monde; & c'est ce qui facilita les plus
difficiles & les plus hautes entreprises que
le peuple Romain ait formé pour l'agrandissement de cette Republique. Tite-Liue,
Prince, vous en fournira assez d'exemples.
Hannibal mit vne si grande confusion dans
Rome, & il ietta vn si horrible effroy dans
l'esprit du peuple, apres la déroute des Cannes, qu'vne partie s'estant assemblez en re-

folution de vuider l'Italie pour paffer en Sicile, Scipion les obligea de reuoquer leur deffein, par le ferment qu'il leur fit faire l'efpée nuë à la main; & dés lors ils aime-rent mieux fuiure la fortune & le peril de tous les autres Citoyens, que d'enfraindre la promeffe facrée qu'ils venoient de faire aux Dieux. Si bien que ce peuple que l'a-mour de la patrie n'auoit pas pû arrefter dans Rome, fe vit bridé par le ferment au-quel Scipion les obligea; & il s'eft veu que les interefts de la Religion ont mefme ef-touffé dans Rome des inimitiez particulie-res. Titus Manlius voyant fon pere accufé par le Tribun du peuple, porté par la force de l'amour filial, fut affronter ce Tribun, le menaffant de le tuer, s'il ne leuoit l'accufa-tion faite contre fon pere : ce qu'il obtint fans aucune refiftance, apres l'auoir con-traint au iurement: Et de là mefme s'en en-fuiuit vne eftroitte amitié entre Lucius Manlius pere de Titus, & Marcus Pom-ponius Tribun du peuple. Tous ces effets qui font admirables, à qui les confidere, ont efté produits par la Religion que Numa introduit dans Rome, laquelle fe doit ad-uoüer autant obligée pour le moins à ce

Prince Religieux, qu'à la generosité de son
Fondateur ; & iamais il ne fut venu à bout
du dessein qu'il auoit d'introduire dans
Rome de nouueaux ordres, tant ciuils que
militaires, s'il ne se fut tourné vers le Ciel,
où il feignoit auoir vne familiarité tres-particuliere auec la Deesse Ægerie, qui luy re-
ueloit tous les mysteres de la Religion que
les Dieux vouloient estre tres-estroittement
obseruez du peuple Romain. Lycurgus &
Solon en ont vsé de mesme façon, pour
donner credit à leurs Loix dans la Grece;
& il ne s'est guere veu d'hommes qui pre-
nant le dessein d'establir, augmenter, ou
changer vn Estat, ils n'ayent mis en auant
la Religion, parce qu'elle regarde les interests de Dieu, à qui tous les hommes se
voyét forcez de se soumettre. La raison est,
pour autant que les grands & les sages Esprits connoissent quantité de bonnes choses
qu'ils ne sçauroient persuader au reste des
hommes, par des raisons euidentes, à faute
desquelles il est necessaire d'auoir recours
à vn moyen qui les aueugle & qui leur fasse
receuoir ce qui leur est proposé comme des
Oracles rendus de la bouche des Dieux,
qui sont estimez veritables en toutes choses;

& il n'en eſt point de plus efficace que la Religion. Le ſacrilege Mahomet a ſceu tres bien prattiquer cette leçon, & ſi auantageuſement, que ſa ſecte ſe voit auiourd'huy tenir le plus grand & le plus floriſſant Empire du monde; & faiſant diſgreſſion du plus profane de tous les hommes, à vn des plus ſaincts perſonnages de l'antiquité, qui eſt Moyſe, nous pouuons dire que toute ſa politique a eſté fondée ſur les reuelations qu'il tiroit du Ciel. Il auoit à conduire vn peuple inconſtant, dont il arreſtoit la legereté, en diſant, c'eſt le Seigneur qui a parlé. Soit qu'il les voulut animer à quelque deſſein genereux, ſoit qu'il voulut les entretenir en paix, il ſuffiſoit de leur dire, ſans autre raiſonnement, Le Seigneur a dit ces choſes; & pour les entretenir dans le culte du vray Dieu, il les chargea de tant de ceremonies Religieuſes, qu'à peine leur eſprit ſe pouuoit-il diuertir ailleurs. Mais, Prince, rentrons dans Rome, & aduoüons qu'elle doit tout ſon bonheur à la Religion eſtablie par Numa Pompilius, d'autant qu'où le culte Diuin florit, il eſt facile d'y mettre de bons ordres, qui ſont touſiours ſuiuis d'vn heureux ſuccés dans

toutes les entreprises qui se forment ; &
concluons qu'il n'est point de meilleur
moyen pour vous faire regner heureusement, qu'en vous faisant remarquer par
tout fort religieux. Imitez ces sages Romains qui n'entreprenoient iamais aucune
affaire importante, sans auoir consulté leurs
auspices, qu'ils tenoient comme vne marque infaillible de la volonté des Dieux.
Seruez-vous des moyens que vostre Religion vous fournit pour preuenir tous vos
desseins ; & si la necessité, ou quelque fauorable occasion, vous oblige à quelque haute
entreprise, consultez premierement le Ciel,
addressez luy vos vœux, & faites paroistre à
vos sujets que vos intentions ne vont qu'à
seconder celles de Dieu, dont on vous
croira suffisamment informé, si l'on vous
remarque occupé aux exercices de la Religion auant que de rien entreprendre ; &
dés lors que vostre peuple sera persuadé
que le destin vous doit estre fauorable, il
s'animera pour vous suiure dans les perils
les plus éuidens Soyez grand zelateur des
interests du culte Diuin, & fauorisez toutes
les choses qui peuuent contribuer à son
augmentation. Rendez-vous le protecteur

des Perſonnes ſacrées qui adminiſtrent les
ceremonies de la Religion ; aimez leurs entretiens, mais vſez-en ſobrement dans vos
conſeils, pource que ces gens beaucoup plus
ſubtils que le commun, en qui le peuple a
vne confidence particuliere, peuuent nuire
plus dans vn iour aux intereſts de voſtre
Eſtat. qu'vn autre ne fera pendant toute ſa
vie. Que ſi par accident vn peuple s'abuſe
dans des matieres de la Religion, il n'importe, pourueu que cet erreur aille à les
gouuerner plus facilemét, les regler & main-
tenir dans l'obeïſſance & dans vn bon ordre. Souuenez vous de ce qui arriua dans le
Sac de la Ville des Veyeus : Quelques ſoldats eſtans entrez auec beaucoup de reue-
rence dans le Temple de Ianon, s'appro-
cherent de ſon ſtatuë ; & luy ayant de-
mandé ſi elle vouloit venir à Rome, il ſem-
bla à quelques-vns qu'elle répondoit que
oüy, & à d'autres qu'elle faiſoit ſigne de la
teſte de conſentir à vne ſi illuſtre retraitte.
Sans doute que cette fauſſe opinion naiſſoit
dequoy ce peuple auoit le cœur extremement porté à la Religion, laquelle eſtant
connuë de Camillus & des autres Chefs de
la Republique, tant s'en faut qu'ils en re-
prouuaſſent

prouuaſſent l'erreur, qu'au contraire ils fa-
uoriſerent le deſſein de ce peuple, pource
qu'il tendoit à la veneration des Dieux;
& il ne ſe preſentoit iamais aucune occaſion qui regardát le culte diuin, dont ils ne
ſe ſeruiſſent, comme d'vn moyen tres efficace à ſoûmettre le peuple à leur obeïſſance, qui ne la refuſe iamais à vn Prince qui
ſe monſtre par tout Religieux, lequel paſ-
ſera facilement des ſentimens qu'il aura
pour la Religion, à ceux qu'il doit auoir
pour la reconnoiſſance.

*Qu'vn Prince ſe doit par tout monſtrer*
*reconnoiſſant.*

## CHAPITRE XV.

PRINCE, i'auoüe que ce qu'on appelle
reconnoiſſance dans les perſonnes priuées, doit paſſer en vous pour vne pure liberalité; & que les recompenſes accordées
à des ſeruices rendus, perdent ce nom en la
perſonne d'vn Prince, pour prendre celuy

G

d'vne faueur fpeciale. Vn fouuerain ne doit rien à perfonne fous ce titre de reconnoif-fance ou de recompenfe ; & quand il accepte les fatigues d'vn grand Capitaine, ou les foins de quelque homme d'Eftat ( ce qu'il doit toufiours faire ) c'eft vne gratification qu'il leur fait, & non pas vne reconnoiffance qu'il leur rend : Que fi ma Thefe femble combattre mon fentiment, ie l'ay voulu ainfi eftablir , Prince, pour m'accommoder à la façon commune de parler, mefme des Politiques, qui traittét cette matiere, lefquels donnent tout le nom de recompenfe, à ce qui doit eftre nommé vne grace & vne liberalité tres-particuliere. I'en vferay de mefme auec voftre adueu, dans l'inftruction que ie me fuis propofé de vous donner. Tenez, Prince, pour vne maxime infaillible , qu'il n'eft perfonne d'entre vos fujets qui foit fi zelé pour voftre feruice, ou fi attaché aux interefts de la patrie, qu'il ne mefle vn peu les fiens parmy, & qui ne s'attende apres vne reconnoiffance lors qu'il s'eftimera auoir rendu de bons feruices à l'Eftat. Ceux que nous appellons volontaires dans les armées, qui femblent combattre feulement pour l'honneur ou pour le bien commun, s'eſtiment d'autant plus dignes d'eſtre recompenſez apres auoir fait quelque action genereuſe, qu'ils s'expoſent au danger de perdre la vie de leur franche volonté. Et s'il ſe trouue des perſonnes aſſez genereuſes qui prennent les armes par le ſeul motif de deffendre la patrie, bien qu ceux cy n'enuiſagent pas les recompenſes comme tous les autres font ; pour le moins ſe croyent-ils dignes d'vne loüange extraordinaire, & ils ſont plus dangereux que tous les autres, pource qu'il eſt bien difficile de trouuer des loüanges à leur gouſt, & rarement ſe ſentent ils loüez à leur fantaiſie. Parcourez, Prince, toutes les conditions des hommes qui peuuent eſtre vtiles ou à voſtre perſonne, ou au bien de voſtre Eſtat ; vous n'en trouuerez pas vn qui n'enuiſage auſſi-toſt les recompenſes qui luy doiuent venir de ſes bons ſeruices, que l'obligation qu'il a de vous les rendre. C'eſt enfin vne neceſſité inſeparable de la nature des hommes, de ſe mettre au trauail pour la recompenſe ; & le Fils de Dieu ſemble authoriſer cette façon d'agir, quand il dit, que l'ouurier eſt digne de ſa recompenſe. Cette neceſſité peut naiſtre dequoy ceux qui font pauures voudroient bien eftre riches, & ceux qui le sõt s'en voudroiét bié rédre dauantage: elle peut encore venir de quoy les hõmes sõt naturelemét ambitieux, & toufiours dans le deffein de faire vne fortune plus eminente que celle où ils fe trouuent ; il n'y en a pas-vn qui efchappe de ce mal là, à moins de viure comme des Bias & comme des Crates, ou à la façon des Stoïciens, & des gens qui fe contentent de fe tenir dans le repos de leurs familles; mais ce n'eft pas de ces gens que ie parle, & ce ne font pas d'eux que vous auez befoin : mon difcours eft de ces perfonnes à qui vous faites l'honneur de les employer, ou dans vos Confeils, ou dans vos armées; lefquels il eft tres-important de recompenfer quand ils le meritent afin de les affermir par cette voye dans voftre feruice , & de les rendre d'autãt plus fideles enuers vous, que c'eft de vous qu'ils fe promettent de faire ou d'agrandir leur fortune ; & ceux qui n'ont befoin ny de l'vn, ny de l'autre , fe fentent extremement obligez de receuoir de voftre part en don la moindre de toutes les recompenfes qu'il ne faut iamais refufer à vne belle action. La Gréce & Rome, qui ont efté des Republiques fort bien re-

glées, en ont vsé de la sorte: on y a dreſſé des
ſtatuës, esleué des pyramides, inſtitué des
ieux & des réioüiſſances publiques, en reconnoiſſance aux Heros &  aux grands
Hommes d'Eſtat qui auoient bien ſeruy
leur patrie. Rome encore foible & dans
l'impuiſſance de faire des grandes liberalitez, ne voulut pas laiſſer ſans recompenſe, ny Cocles, ny Mutius Sceuola, auſquels le public aſſigna vne petite portion de
terre de la grandeur qu'il faut pour y enſe-
menſer vne meſure de bled, en veuë dequoy l'vn s'eſtoit laiſſé tailler en pieces à la
garde d'vn pont, & pource que l'autre
auoit bruſlé ſa main, de l'indignation qu'il
conceut d'auoir failly à mettre à mort Por-
ſenna capital ennemy des Romains.  Si
c'eſt vne neceſſité de recompenſer les ſeruices ou les belles actions de vos ſujets, il
eſt encore tres important  de ne differer
point les recompenſes, & de les ſçauoir di-
ſtribuer en vn temps fauorable, & de les
proportionner à la condition de ceux en
faueur de qui vous les diſtribuez; d'autant
qu'vn bienfait, qui n'accommode guiere
l'vn, ſeroit tres-profitable à vn autre ; & ce
qui luy ſeruiroit extremement en vn temps

G iij

luy fera fort peu vtile en vn autre. Voſtrẽ
prudence, Prince, vous aduertira à prendre
garde à toutes ces choſes qu'il ne faut point
negliger à cauſe de l'importance dont elles
ſont; c'eſt vne grande tache, à la reputation
d'vn Prince de paſſer pour ingrat ; & quoy
que dans mon ſentiment vn Souuerain ne
doiue rien à ſes ſujets pour des ſeruices
rendus, le peuple ne laiſſe pas de l'accuſer
d'ingratitude, quand ils ne ſont pas reconnus. Il ſe refroidit dans le zele qu'il doit
auoir pour ſes intereſts ; il gronde contre
ſon authorité, qu'il iuge eſtre mal exercée;
il s'irrite contre ſa grandeur, qui ſe tient
toute renfermée au dedans ſans ſe reſpan-
dre au dehors ; il ſe rend ialoux de tant de,
biens qu'il poſſede, dont il le croit indigne,
quand il voit qu'il ne ſçait pas en faire de
liberalitez, au moins de ce qui luy eſt ſu-
perflu ; mais vn Prince peut aiſément ſe
parer contre tous ces inconueniens, quand
il s'agit des ſeruices communs à qui il faut
donner quelque recompenſe. Il y a tant
de charges, tant d'emplois, tant d'occupations, tant de titres d'honneur dans vn
Eſtat, qui peuuent paſſer pour des recõpen-
ſes, qu'vn Souuerain peut facilement par

cette voye là n'en laiſſer pas eſchaper aucun
ſans quelque témoignage de gratitude, &
par là ſe monſtrer en tout reconnoiſſant:
Il y a vne ſeule rencontre qui vous peut
mettre extremement en peïne, & qui vous
peut expoſer au danger de paſſer pour vn
ingrat; c'eſt lors qu'vn grand Heros, ou
quelque grand Conquerant, chargé de
lauriers, les mains pleines de palmes, la
teſte enuironnée de couronnes, vient ap-
porter aux pieds de ſon Souuerain, des
Villes & des Prouinces entieres ſoumiſes à
ſon obeïſſance; c'eſt lors qu'il voit à regret
toutes ces conqueſtes qu'il ne poſſede qu'à
la faueur d'vn bras emprunté. Il s'irrite de
voir ſon Eſtat agrandi par les fatigues, & par
les ſoins d'vn autre, dont il ne ſe peut attri-
buer la gloire, ſans en deſpoüiller le legitime poſſeſſeur.

Cet inconuenient n'eſt pas ſans remede
pourtát; il faut, Prince, à l'imitation des premiers Emp. Romains, & de tous les grands
Hommes, qu'vn Souuerain ſe monſtre luy
meſme en perſonne à la teſte de ſon armée,
& qu'il faſſe reconnoiſtre à tout le monde
que ſa generoſité & ſon adreſſe doiuent
eſtre les artiſans de ſa bonne fortune : par là

G iiij

il ferme la bouche à toutes les cenſures,
qu'autrement on feroit de luy , s'il com-
mettoit le ſoin de la guerre à quelque Capitaine qui en eut l'entiere diſpoſition, cependant que luy viuroit dans les delices de ſa
Cour. Sa ſeule preſence luy acquerra la
gloire de toutes les belles actions qui s'y
feront, laquelle il ne faudra point qu'il partage auec perſonne; il la poſſedera toute entiere, & ne déura qu'à ſoy-meſme le bonheur de la victoire, s'il vient à la rem-
porter; & dans le calme que luy donnera le
bon ſuccez de ſes armes, il aura le loiſir de
faire reflection ſur la conduite de ſes Chefs
& ſur le courage de ſes plus braues ſoldats,
affin de ſe monſtrer enuers tous reconnoiſſant, donnant quelque gratification à leurs
trauaux. De cette façon, Prince, vous eſui-
terez le danger de paroiſtre ingrat, & vous
vous acquerrez la reputation de vous monſtrer par tout reconnoiſſant & capable de
ſouffrir les accuſations & empeſcher les calomnies dans voſtre Eſtat.

*Qu'vn Prince doit souffrir les accusa-
tions & empescher les calomnies
dans son Estat.*

## CHAPITRE XVI.

PRINCE, vn Estat est vn Corps qui ne
se trouue iamais sain en toutes ses parties ; les symptomes qui l'assaillent sont de
deux differentes façons, les vns vont à esbranler tout le corps, & ce sont les coniu-
rations des sujets contre leur Souuerain ; les
autres vont à destruire quelqu'vne de ses
parties, & ce sont les iniustices que les particuliers commettent les vns contre les autres dans vn Estat qui est appellé vn corps
par rapport au corps humain, à cause de la
subordination qu'il y a entre les personnes
qui le composent ; mais quelque analogie
qu'il y ait entre vn corps politique & le
corps humain, il faut aduoüer qu'il y a de
tres-grandes differences qui les rendent fort
dissemblables. L'adresse d'vn Docteur, vne

feignée faite bien à propos, vne boiffon prife en fon temps, font fuffifantes pour rendre la fanté à vn homme en moins de quatre ou cinq iours, & de remettre les quatre
humeurs dans vn iufte temperament : mais
la plus petite des maladies qui attaquent vn
Eftat ne fe guerit qu'auec vne longue fuite
de temps & vne vigilance toufiours agiffan-
te : bien fouuent elle a gafté tout le corps ou
quelqu'vne de fes parties, auant qu'elle foit
connuë : on n'en a pas fi toft eftouffé vne,
qu'on en voit renaiftre vne autre, & l'e-
ftenduë de ce corps en fouffre plufieurs tout
à la fois, à caufe de tant de differentes humeurs dont il eft remply. On n'a pas icy à
combatre les ardeurs de la bile, l'intempe-
rie du fang, l'humidité efchauffée du
flegme, ou à purifier la qualité terreftre de
la melancolie ; mais on a à combatre vn mô-
ftre deffectueux en la plufpart de fes parties ;
on a à faire à vn Hydre qui pouffe autant de
teftes qu'on luy en auale, & il faut eftre
toufiours dans l'action pour conferuer la
fanté à vn corps Politique. La Iuftice doit
eftre toufiours armée pour arrefter les meur-
tres, les parricides, les inceftes, les adulte-
res, les concutions, les rapines, & tant d'au-

tres sortes de maladies qui agitent continuellement vn Estat, ausquelles vn Prince ne sçauroit remedier plus efficacement,
qu'en donnant lieu aux accusations , &
establissant des Iuges qui ayent vne authorité souueraine pour les receuoir & les vuider en dernier ressort : outre qu'vn Prince
ne doit iamais punir ses suiets, que par l'en-
tremise de ses agents ; il ne peut pas estre
present par tout son Estat, il n'a pas la veuë
assez penetrante pour voir tout ce qui s'y
pratique, ny l'ouye assez forte pour receuoir tout ce qui s'y passe, il a besoin des
Lieutenans qui exercent de sa part la Iustice aux quatre coins de son Estat, qui reçoiuent les plaintes de ses suiets, qui veillent tousiours pour les entretenir en la plus
grande vnion qu'il se pourra faire , qui
arrestent les reuoltes, qui estouffent les seditions, & qui punissent auec seuerité toute sorte de crimes qui vont à la ruine de
l'Estat; mais vne punition suppose vn iugement, & vn iugemét est fondé sur des accusations qu'il faut rendre familieres & des
permettre auec toute sorte de liberté à vos
sujets. Par là le peuple se trouue desarmé,
ne pouuant pas luy mesme se faire iustice

des iniures qui luy sont faites, il se voit sou-
mis à des Iuges contre l'authorité desquels
il n'ose rien entreprendre, & desquels il
espere vn heureux succez dans l'equité de
sa cause ; les fougues populaires tousiours
dangereuses sont esmousées ; les personnes
qui aiment l'hôneur, de crainte d'imprimer
quelque tache à leur reputation, par des
accusations qu'on pourroit former contre
eux, se contentent de viure dans le repos de
leurs familles, sans auoir le courage de rien
attenter qui choque les interests du Prince.
Ceux qui tournent toutes leurs pensées à
s'agrandir par l'acquisition des richesses,
craignent de les perdre, s'ils venoient à former quelquedessein preiudiciable à l'Estat,
qui sans doute seroit bien-tost reuelé par
les accusateurs qui en auroient connoissance : ceux qui possedent des grandes charges,
aiment bien mieux les conseruer en repos,
que de s'exposer à vn peril euident de les
perdre, par quelque entreprise qui fut de-
sauantageuse au bien commun ; enfin tout
le monde se tient sur ses gardes, & quand le
peuple ne se rangeroit pas à son deuoir par
l'obligation que luy impose l'amour naturel qu'il doit porter à son Prince, il se

voit arresté par la crainte qu'il a d'estre
deferé deuant des Magistrats qui ont tousiours les mains armées pour punir les crimes. Quel desordre & quelle confusion
verriez-vous, Prince, parmy vos sujets, s'ils
pouuoient commettre ouuertement leurs
iniustices, sans aprehender qu'elles fussent
reuelées ny punies, ou si tous les particuliers se pouuoient rendre les iuges & les
arbitres en leurs propres causes? Vos Villes
seroient partagées par des differends partis
qui s'y formeroient, elles se verroient tous
les iours teintes du sang de ses propres habitans; les Prouinces armeroient les vnes
contre les autres, & vostre Estat ainsi diuisé
seroit d'vne fort petite durée. Si Rome
n'auoit pourueu à cet inconuenien, par le
remede que ie viens de vous proposer, elle
se fut veuë despoüillée de cette grande puis-
sance qui l'a renduë la terreur de toutes les
nations de la terre. Elle auoit si bien pourueu des Iuges pour regler tous les differens
qui pouuoient suruenir dans cette Republique, qu'il n'y auoit point de crime qui
demeurât inconu ou impuni. Par ce moyen
les seditions populaires estoient arrestées, &
l'authotité de la Noblesse Romaine estoit

bridée, afin qu'elle n'offéçat point le peuple qui auoit vne inimitié irreconciliable con-tre elle. Ces deux Eftats, quelque antipatie qu'il y euft entre eux, ont efté long-temps confernés en paix par l'authorité des Tri-buns qui connoiffoient des caufes du peuple Romain, dont ils eftoient les protecteurs, lorsque Coriolant qui eftoit du corps de la Nobleffe, fe fut monftré contraire à l'au-thorité que le peuple auoit dans Rome: c'en eftoit fait de luy, & defia il y auoit def-fein fur fa vie, fi les Tribuns ne l'euffent cité pour comparoiftre deuant eux, pour refpondre à ce qui luy eftoit obiecté. Cette affignation efteignit tout auffi-toft la fou-gue de ce peuple irrité, & Rome fe vit par ce fecours de Politique à couuert d'vn ora-ge qui la menaffoit de fa ruine. Bien que les fentimens de Coriolan fuffent equita-bles, puis qu'ils alloient à abbatre vn peu l'authorité du peuple, toufiours fafcheufe & importune dans vn Eftat, la iuftice de fa caufe n'eftoit point capable de le faire ef-chapper à fa fureur qui commençoit á fe fortifier beaucoup, fi le credit du Magiftrat ne s'y fut oppofé. Mais, Prince, prenez gar-de qu'en donnant vn libre cours aux accufations, la malice de vos fujets ne les faſſent degenerer en calomnies, dont les effects font auſſi preiudiciables à vn Eſtat que ceux des accuſations legitimes font falutaires; l'accuſation tend à faire punir le crime, mais la calomnie va à opprimer l'innocence que vous deuez par tout proteger auec vn zele aueugle, qui n'ait aucune confideration à quelque qualité des perfonnes que ce foit. Quãd la vertu eſt perfecutée, les bons fe rebutent de l'exercice de la pieté, & les meſchans fe fortifient dans leurs malices, & enfin tout le monde fe licentie à des defordres qui caufent vne horrible confuſion dans vn Eſtat. On n'y voit que des vfures, des rapines, & des concuſſions; les plus grands mangent les plus petits qu'ils rendent criminels au gré de la calomnie; les Seigneurs defpoüillent leurs vaſſaux de leurs biens, fous pretexte d'vn crime imaginaire que la calomnie fait paroiſtre appuyée de la puiſſance, comme vne chofe la plus notoire du monde, & il n'eſt point d'innocence ſi grande qui efchappe aux perfecutions de la calomnie fecondée du pouuoir. Tous les iours on y voit les prifons remplies des debiteurs qui ont payé; les amendes font pour

les malheureux, & non pas pour les coupa-
bles; & la plufpart des punitions tombent
fur les pauures innocents, & non pas fur les
riches criminels. Prince, apprehendez
que la voix d'vn fang innocent que vous
aurez mal protegé ne demande vengeance
contre vous deuant le throfne du Dieu viuant : craignez que cette veufue qui tourne
toutes fes penfées à la vertu, que cet orphe-
lin toufiours occupé à deplorer fon malheur, que ce pauure païfan qui vit à la fueur
de fon front, que ce bon Bourgeois qui
s'entretient dans le repos de fa famille,
craignant & feruant Dieu, lefquels vous
aurez mal deffendus, ne changent tous
leurs membres en autant de langues qui
vous accufent deuant Dieu du peu de protection que vous leur auez donné. Sçachez
que Dieu qui eft l'Agneau fans tache, fe
rend toufiours le protecteur des innocents
perfecutez; & qu'il eft de voftre deuoir de
fuiure fon exemple, puifque vous eftes fon
image & fon Lieutenant fur la terre.
Quand vous fçaurez fouffrir les accufations
& punir les calomnies, vous apprendrez à
efcarter les flateurs de vos confeils.

Qu'vn

## Qu'vn Prince doit escarter de ses Conseils les flateurs.

# CHAPITRE XVII.

PRINCE, tous les Politiques s'accordent en ce poinct, que les flateurs sont extremement preiudiciables à vn Estat, & que difficilement s'en peut on garder, pource que la Cour des Grands en est toute remplie, & qu'il n'y a rien de si chatoüilleux que la flatterie, à cause de la complaisance naturelle qui est en nous, de faire paroistre les bonnes qualitez que nous possedons, & en suite d'en receuoir quelque applaudissement. Ils disent que les médisans & calomniateurs sont des bestes sauuages, mais les flateurs sont des bestes priuées & domestiques, & comme il est bien plus facile de se garder de la morsure d'vn Loup, ou d'vn Sanglier, que de la piqueure d'vne Puce ou d'vne Mouche, aussi peut-on plus facilement se defaire

H

de l'effronterie des médifans, que de la ca-
iolerie des flatteurs, lefquels ils appellent
des peftes & des maladies contagieufes qui
s'atttachent au chef, lequel eftant gafté dans
fes fentimés, refpand des fymptomes fi violens dans tout le corps, qu'il le met dans vne
defaillance extreme ; & comme cette maladie eft beaucoup preffante, auffi donnent ils
des remedes extremement violens. Ils ne
trouuent prefque point d'autre moyen plus
general, que de faire paroiftre que le Prince
veut que chafcun prenne la liberté de luy
dire la verité, sãs aucun meflãge de diffimu-
latiõ; mais ie trouue que cette grãde licence
luy feroit iniurieufe & qu'elle tourneroit à
fon mefpris, pource que fi tous les fuiets fe
licentioient à dire ouuertement & franchement leurs fentimens au Souuerain, cette
facilité que le Prince auroit de les entendre
le feroit infailliblement mefprifer. De plus
d'autant que les flateurs font toufiours médifans quand ils fe trouuent rebutez, il eft
perilleux de fe declarer leur ennemi ouuert;
car d'abord ils tournent leurs flateries en
des médifances qui vont à fleftrir la reputation du Prince; defquels il faut pourtant fe
defaire, Prince, puis qu'il eft tres perilleux

de nourrir leur cōmerce dans voſtre Cour,
où vous deuez faire la diſtinction des vrays
Courtiſans d'auec les flateurs infames.
Ceux-là ſe contentent de tenir compagnie
au Prince, d'obſeruer ſes humeurs & de les
ſuiure, de regarder dans ſes yeux, affin de
voir à quoy il ſe plaiſt, pour s'y porter auec
toute ſorte de complaiſance ; & tous leurs
ſoins vont à ſeruir le Prince dans ſes diuertiſſemens, ſans s'ingerer dans les affaires
d'Eſtat, s'ils n'en ſont requis : mais ceux-cy
s'eſtudient d'abord à gagner ſon oreille pour
l'informer de cent choſes qui ſeroit bō qu'elles luy fuſſent incōnuës. Ils ſont cent baſſeſ-
ſes pour faire parade d'vne affection ſeinte
& diſſimulée, qui ſe tourne touſiours vers
leurs intereſts, & non pas au bien du Prince,
pour le ſeruice duquel ils ſemblent pleins
de zele, bien qu'en effet ils en ſoient fort
vuides. Ce ſont des cloches dont l'harmonie
ſe paſſe tout auſſi-toſt ; ou bien de ces feux
qui s'allument dans l'air, qui n'ont qu'vn
moment de durée. Ils ſont touſiours occupez à luy inſpirer des hautes entrepriſes, &
à luy donner des ouuertures pour des deſſeins fort genereux ; mais c'eſt ſans luy fournir les moyens d'y reüſſir, parce qu'effecti-

uement leur intention eſt de flatter le
Prince, & non pas de ſoigner ſon agrandiſſement, qu'ils n'enuiſagent qu'au trauers de
leurs intereſts. Ils luy perſuadent qu'il peut
tout, & que ſon authorité ne doit point
auoir d'autre regle qu'vne volonté ſouueraine ; qu'il peut ſe licentier ouuertement
à tout ce qui eſt de ſes plaiſirs, & qu'il a vn
plein pouuoir de faire tout ce qui luy plaira.
Ce ſont là les Conſeils que la flatterie inſpire dans le cœur d'vn Prince, qui ſe trou-
uant obſedé de cette peſte, ſe precipite en
mille malheurs, d'où le Conſeil ſeul des
Sages le peut retirer. Non, Prince, il n'y a
que ce ſeul moyen qui puiſſe vous mettre à
couuert des flateurs ; il faut choiſir pour
voſtre Conſeil vn nombre de perſonnes qui
ſoient bien entenduës és affaires, qui ſoient
entiers, & qui aiment la Iuſtice, auſquels
ſeuls vous deuez donner la liberté de vous
parler franchement ; mais ſeulement lors
qu'ils en ſeront requis. Eſcoutez volontiers
leurs aduis, conſultez les ſur toutes choſes,
informez-vous de leurs ſentimens ſur les
moindres affaires, & donnez leur à connoiſtre qu'ils ſeront d'autant mieux venus aupres de vous, qu'ils vous parleront

auec franchife. Ne foyez iamais fi fort obftiné dans vos propres fentimens, que vous n'ayez toufiours les oreilles ouuertes pour efcouter les aduis de ceux qui compofent voftre Confeil : executez promptement & hardiment toutes les refolutions que vous y aurez ; d'autant que fi l'on remarque en vous quelque irrefolution, & fi on vous voit changer ou chanceler fur la diuer-fité des Confeils que vous receuez, vous vous expoferez aux perfecutions des flateurs, & vous donnerez vne baffe eftime de voftre perfonne qui fe doit monftrer par tout genereufe. Il n'eft rien de fi auantageux à vn Prince, que de fe confeiller des per-fonnes fages lorfque la neceffité le requiert, fans qu'il doiue pourtant donner la liberté à aucun de luy prefter ce fecours, que lors qu'on l'exigera de luy. Il doit demander beaucoup en ce qui regarde le bon ordre de fon Eftat, & fe monftrer patient à efcouter la verité des chofes dont il veut eftre infor-mé ; iufques à fe tefmoigner fafché quand il remarque qu'on ne veut pas la luy décou-urir, pour quelque refpect qu'on a de luy. Vn Prince ne choque point fa reputation, & on ne l'eftime pas moins fage, pour fe

foûmettre aux aduis de fon Confeil, dans
lequel il preſide, & où il fait eſlection des reſolutions qui luy ſemblent les plus auanta-
geuſes pour le ſouſtien & pour l'agrandiſſement de ſon Eſtat ; car c'eſt vne choſe tres-
certaine, que ſi vn Prince n'eſt pas prudent
& ſage de ſoy meſme, malaiſément peut-il
eſtre bien conſeillé, pource qu'il a faute de
lumiere pour ſçauoir faire la diſtinction
de tant de diuers conſeils qu'il reçoit : Et
dans cette rencontre il n'eſt point d'autre
moyen plus conuenable, que de ſe ietter
entre les bras d'vn ſeul homme qui ſoit tres
prudent, à qui il remette le ſoin & le gouuernement de tout ſon Eſtat ; mais c'eſt vn
remede violent & perilleux, parce qu'enfin
il s'aquerra vne ſi grande authorité, il amaſ-
ſera tant de forces, qu'il ſe verra en eſtat de
donner la loy à celuy de qui il la receuoit.
Les Hiſtoires ſont pleines de ces exemples,
& celles de noſtre France nous en fourniſſent beaucoup en la perſonne des Maires
du Palais, qui bien ſouuent de l'eſtat de
vaſſal ont paſſé à celuy de Souuerain, &
ont arraché le Sceptre des mains de leur
Prince, pour en orner les leurs propres : de
ſorte que toutes choſes eſtant bien exami-

nées, il n'eſt point de maxime plus aſſurée
pour vn Prince qui ſe veut mettre à couuert des pourſuites des flateurs, & qui eſt
ialoux de ſon authorité, que de ſe former
vn bon Conſeil de perſonnes ſages & entieres, de qui il puiſſe receuoir les lumieres
neceſſaires dans les choſes douteuſes, & à
qui il donne la liberté de luy parler auec
franchiſe, ſeulement lors qu'ils en ſeront requiſes, ſans ſe ſoûmettre à pas-vn
de leurs aduis, qu'autant qu'il verra
eſtre neceſſaire. Par ce moyen il deſ-
couragera les flateurs à luy vouloir rien
perſuader, & il conſeruera ſon authorité
toute entiere, laquelle doit donner le branle
à toutes les entrepriſes qui ſe formeront
dans ſon Conſeil, où il puiſera les lumieres
qui luy ſont neceſſaires pour ſçauoir la façon de laquelle il doit garder la foy donnée.

*S'il est bon qu'vn Prince garde
la foy donnèe.*

## CHAPITRE XVIII.

PRINCE, la parole d'vn Souuerain deuroit certainement estre irreuocable, principalement dans les affaires importantes, qui ne sont resoluës qu'apres vn seuere examen fait dans son Conseil. En cela il imiteroit la conduite de Dieu, qui est tousiours inuariable ; ou la nature des Anges, qui s'attachent irreuocablement à leur obiet. De la generosité, qui doit estre vne qualité naturelle à vn Prince, naist la fermeté de ses promesses ; & vne ame genereuse croit se soüiller, quand elle viole la foy donnée. La maxime la plus commune, qui est generalement receuë de toutes les conditions des hommes qui se piquent d'honneur, c'est de ne manquer iamais à leur parole, pource qu'il semble que le changement d'vne resolution connuë, imprime

quelque tache de legereté & d'inconſtance
à vne ame noble ; & bien que l'eſprit des
mortels ſoit extremement leger, il n'y en a
preſque point qui ne ſe pique d'vne fermeté tres grande ; d'autant que tout le
monde s'appuye volontiers en vne perſonne
dont on connoiſt les reſolutions conſtantes.
On iuge de luy qu'il eſt capable de tout entreprendre, qu'il eſt au deſſus de la legereté
du ſort ; & que de prendre parti aupres de
luy, c'eſt vne choſe tres-auantageuſe, pource qu'on ſe perſuade de n'eſtre iamais abandonné de celuy qui fait profeſſion de con-
ſtance & de loyauté. I'aduouë qu'il ſeroit
expedient à vn Prince de ſe regler par ces
ſentimens, mais la malice du ſiecle ne le
permet pas. On voit auiourd'huy que les
plus grands Princes ont changé leur foy en
fourberie, que l'agrandiſſement ou la conſeruation de leurs Eſtats dépend de la fourberie, & que leurs grandes entrepriſes ne
reüſſiſſent que par là. Vn Prince doit ſuiure la conſtitution du temps, & non pas les
maximes du commun des hommes, qui ſont
trop foibles pour bien regler les Monarchies, quand on les accompagne de trop de
ſincerité. Souuent la neceſſité ou la ruine

euidente qui menaſſe vn Eſtat, oblige vn
Prince à faire des accords qui luy ſont iniurieux; mais ces motifs leuez, il faut qu'il ſe
remette ſur ſes premieres traces, qu'il re-
nouuelle ſes entrepriſes, & qu'il faſſe paroiſtre qu'il a trop de generoſité pour ſe
ſoûmettre à des côuentions qui l'incommo-
dent, & qui n'ont iamais eu ſon approbation, qu'autant que la neceſſité l'a voulu.

Vn Souuerain qui eſt au deſſus des loix
doit auoir autãt de priuilege qu'vn mineur,
qu'elles releuẽt de toutes les obligatiõs que
ſes tuteurs ont contracté à ſon deſauantage.
Si tous les Monarques ſe regloient par des
ſentimens raiſonnables; la loy naturelle,
celle qu'on appelle ciuile, celle que le
droict des gens a introduite, qui ſont les armes des hommes, ſuffiroiẽt pour pacifier les
deſordres de tous les Empires; mais pource
qu'elles ſont meſpriſées, & qu'elles n'ont
plus d'authorité ſur les teſtes couron-
nées, il faut auoir recours à la force, qui
ſont les armes des beſtes; & ie ſuis du
ſentiment de celuy qui veut qu'vn Prince
ſçache bien faire la beſte & l'homme tout
enſemble, qu'il ſe reueſte de la nature du
Lion pour ſe monſtrer par tout genereux,

& de celle de Renard pour se desrober à toutes les entreprises qui se trament contre luy. Cette maxime est authorisée par l'antiquité, qui a donné la conduite d'Achille à vn Centaure qui luy enseignat les fonctions de la beste, à mesme temps qu'il luy remonstroit celles de l'homme, luy qui participoit de toutes les deux. Ce n'est pas vne petite affaire de sçauoir bien vser des ruses du Renard, il faut vn grand esprit & vne belle experience acquise par le temps ou par la lecture des Histoires; & on doit colorer vne conduite pleine de ruses, de toute sortes de bonnes apparences, afin qu'elle ne tourne au desauantage de celuy qui en vse. Vn Prince se doit monstrer humain, docile, entier, & fort Religieux, d'autant que les hommes qui n'ont pas la veuë assez penetrante pour voir le dedans, s'arrestent seulement à ce qui est de l'exterieur; & ils ont de la peine de condamner la conduite d'vn Prince, quelque desreglement qui s'y remarque, quand ils le croyent posseder toutes les bonnes qualitez que ie viés de dire. Qu'il fourbe ses voisins, ou qu'il trompe ses ennemis, ils iugent que son adresse agit dans cette rencontre ; qu'il

rompe les traitez de paix les plus authenti-
ques, ils se persuadent que c'est par des raisons tres fortes, ou qu'on ne luy garde pas
tout ce qui luy a esté promis. Vne fourberie
connuë de tout vn peuple, ne sera iamais
approuuée: mais, Prince, quand vous serez
fourbe en perfection, & que vous vous
monstrerez sage & Religieux, il n'y a
rien à craindre. I'ay de la peine à vous donner ces instructions; mais parce que la
malice du temps & la part que ie dois prendre à vos interests, m'y obligent, ie choque
mes propres sentimens qui vont à l'inte-
grité, pour vous declarer ce qui est de
vostre bien & de vostre auancement; ce
que vous deuriez faire, & non pas ce que
vous deuez estre. Si dans la guerre la ruse
sert bien plus que la force des armes, pourquoy n'en peut-on pas vser dans les autres
affaires qui regardent la Police d'vn Estat?
Souuenez-vous que François le Grand a
esté accueilly de mille disgraces, pource
que sa sincerité estoit ioüée par les ruses de
Charles Quint, Empereur des Romains
& Roy des Espagnes, qui s'est veu vne
Couronne Imperiale sur la teste, & vn
Sceptre Royal dans la main; non pas pour

eftre plus genereux que fon Competiteur,
mais bien pour n'auoir pas efté fi fincere
que luy. Auiourd'huy pour eftre vn grand
Prince, il faut eftre vn grand fourbe, il faut
promettre cent chofes qu'on n'a pas enuie de garder, il faut faire des accueils fa-
uorables à celuy qu'on a deffein de perd-
dre ; & enfin il ne faut rien entreprendre
où la tromperie n'ait lieu, puis que les
hommes font reduits à cette extremité de
malice, que les plus rufez paffent pour les
mieux faits & pour les plus fages, & qui
en effet font mieux toutes leurs affaires,
foit Politiques, foit Militaires, defquelles
ie vais vous entretenir, paffant des maximes de la Politique dans les emplois de la
guerre.

*Qu'vn Prince doit entretenir les ordres
de la Guerre, mesme en vn temps
de paix.*

## CHAPITRE XIX.

PRINCE, à proprement parler, les Estats
font des vfurpations faites par la violence des armes fur les peuples, qui au cómen-
cement auoient accouftumé de viure libres,
& de regner chacun dans les limites de fes
propres terres; il n'y a que la prefcription du
temps qui les puiffe iuftifier & les mettre
au rang des legitimes poffeffions: mais d'autant que les Puiffances fouueraines fe
voyent independantes & au deffus de toutes les loix ciuiles, elles enuifagent les païs
de leurs voifins, comme des terres de con-
quefte, fur lefquels elles croyoient auoir autant de droiĉt que ceux mefmes qui les poffedent; & qu'il leur eft permis de fe feruir
des mefmes moyens pour les conquerir,
defquels ceux qui y exercent leur empire,

ont autrefois vsé. C'est pourquoy nous voyons si souuent les Princes armer les vns contre les autres, & les Estats se conseruer si peu de temps en paix ; comme si le principe qui les a fait naistre, qui est la force des armes, laquelle a despoüillé les peuples de leur liberté naturelle, influoit tousiours à la conseruation ou agrandissement de l'vn, par la ruine, ou par la defaillance de l'autre. Il ne faut donc point s'estonner si les alliances des Princes sont d'vne si petite durée ; si la paix qu'ils font ensēble se rompt à la premiere occasion ; & si leurs amitiez se ruinent, si tost que la fortune semble changer. Ils ne reconnoissent point des Iuges pour vuider leurs differents, & tous se persuadent qu'il leur est permis de posseder les terres sur lesquelles ils peuuent estendre leurs conquestes ou la violence de leurs armes. Nous auons veu dans les quatre premieres Monarchies, que la ruine de l'vne a esté la naissance de l'autre ; iusques à ce que la Republique de Rome s'estant affoiblie par sa propre grandeur, elle s'est veuë partagée par tant de nations estrangeres qui en ont occupé chacune vne partie. De cette ruine sont sortis les Royaumes de France,

d'Espagne, d'Angleterre, & tant de pétits
Souuerains respandus dans l'Italie, & aux
quatre coins de la terre ; qui suiuant l'e-
xemple de ceux qui les ont precedés, sont
toufiours aux aguets pour se surprendre les
vns les autres. De là, Prince, vient la necessité que vous auez de vous tenir toufiours sur vos gardes sans vous fier à la foy
des autres Princes, qui ne la gardent que par
interest, & tan dis qu'ils n'ont point d'occasion de la rompre ; & le veritable moyen
pour vous assurer contre leur violence, c'est
que dans la paix la plus profonde dont vous
ioüissiez, il faut entretenir les ordres de la
milice, & exercer vostre peuple dans les
exercices de la guerre, sans les laisser endormir dans vne oysiueté qui les rende inhabi-
les à sçauoir manier les armes quand vous
en aurez besoin. Pour cet effet instituez des
festes & des ieux publics, qui les exercent
dans toutes les Villes de vostre Estat ; assi-
gnez des recompenses à ceux qui seront iugez les plus adroits, affin de piquer les autres à se perfectionner dans le mestier de
Mars ; rendez vous vous-mesme spécta-
teur de leurs actions, dont il faut tesmoi-
gner vne complaisance extraordinaire. Que
si

ſi quelqu'vn ſe fait remarquer par deſſus les autres, faites eſclatter ſon adreſſe par tout pour inciter les autres à l'imiter; par là vous vous verrez touſiours en poſture de pouuoir porter des armes defenſiues & offenſiues, ſans qu'il ſoit neceſſaire que vous ayez recours ailleurs pour emprunter des troupes auxiliaires, qui ſont le plus ſouuent preiudiciables à vn Eſtat; d'autant que des ſoldats empruntez & ſoûmis à la conduite des Capitaines de celuy qui vous les enuoye, ne ſont iamais tout à fait à voſtre diſpoſition : s'ils combattent, c'eſt pluſtoſt pour leur intereſt propre, que non pas pour celuy en faueur de qui ils ſont mandez ; & il eſt à craindre que ſe voyans victorieux dans quelque occaſion, ils ne tournent les armes contre luy, ſoit par la malice du Prince qui les enuoye, ſoit par leur propre ambition qui les aueugle, & qui leur fait perdre toute ſorte de reſpect. Nous en trouuons vn celebre exemple chez les Romains. Le Senat touſiours protecteur de ſes alliez auoit enuoyé vne armée à Capouë, aſſaillie par les Semnites, laquelle auec ce ſecours les mit en deroute, & en meſme temps ſe vit deliurée de leurs pour-

I

ſuites; mais afin que le païs ne ſe vit encore
expoſé à la furie de quelque nouuelle
guerre, les Romains y laiſſerent deux le-
gions pour ſa deffence, leſquelles charmées
de la douceur & des commoditez de cette
contrée, commencerent à gouſter vne demeure ſi delicieuſe, & ayant oublié l'amour
de la patrie, & le reſpect deû à Rome, for-
merent le deſſein de ſe rendre maiſtres du
païs, iugeant que les habitans naturels
eſtoient indignes de le poſſeder, puis qu'ils
n'auoient pas eu aſſez de vertu de le defendre eux meſmes, ſans vn ſecours eſtranger;
& ſi le Senat n'y eut pourueu en diligence,
cette entrepriſe deſia tramée leur eut reüſſi
ſans doute, & Capouë ſe fut veuë opprimée
par ceux qui faiſoient profeſſion de la defendre legitimement, qui ſe perſuadoient
de pouuoir s'emparer d'vne terre, dont ils
auoient eſté les defenſeurs, & qui deuoit
ſa conſeruation à la force de leurs armes.
Dans mon ſentiment c'eſt manquer de prudence & de Politique, d'emprunter vn ſecours eſtranger, ſur qui on n'a aucune authorité; d'autant que c'eſt ſe ſoûmettre à
leur diſcretion, & vn Prince a fort mauuaiſe grace de vouloir occuper les terres de

ſon voiſin, par vne aide empruntée ſans laquelle il ne ſçauroit les conſeruer : c'eſt s'expoſer à la rage de ſes ennemis, qui dans l'abſence de ſes forces mandiées, ne manqueront point de l'aſſaillir auec plus de violence qu'ils n'ont iamais fait ; & vne conuention pour deſauantageuſe qu'elle ſoit, luy ſera touſiours plus glorieuſe, qu'vne victoire remportée par des armes qui ne luy appartiennent pas. Par tout où il y a des hommes, on en peut faire des ſoldats ſans qu'il ſoit neceſſaire d'appeller vne nation eſtrangere dans l'Eſtat ; c'eſt vn des grands eſcueils qui puiſſent eſtre pour ſa ruine, & il ne faut que lire les Hiſtoires pour y remarquer des exemples tres-funeſtes ſur ce ſujet. N'eſt-ce pas par ce moyen que les Goths ſe ſont emparez des Eſpagnes, & les Vvandales de l'Afrique ? N'a-ce pas eſté vn chemin ouuert aux Huns pour venir ſaccager Rome ? aux Oſtrogoths pour occuper vne partie de l'Italie ? & aux Viſigoths les plus belles Prouinces des Gaules ? Tullus Roy des Romains, en vſa d'vne autre façon, lors que montant ſur le throſne aprés vne paix qui auoit laiſſé Rome dans vn repos de

quarantes années entieres ; ce fage Prince
fe formant le deffein d'vne guerre, il n'ap-
pella ny les Semnites, ny ceux de Tofcane,
ny d'autres qui fuffent aguerris par le continuel exercice des armes, mais il fe conten-
ta de fe feruir de fes propres hommes, qu'il
rendit en fort peu de temps des braues foldats. Et dans les dernieres guerres d'Angleterre & de France, le Roy de la Grand'
Bretagne voulant attaquer vn Royaume
plein de fages Capitaines & de foldats
genereux, exercez aux armes dans les
guerres continuelles d'Italie, n'emprunta
point vn fecours eftranger ; & bien que fon
Royaume eut ioüi d'vne paix de trente
ans, qu'il fe vit defpourueu de chef &
de combattans, fi eft ce qu'il ne balança
point d'entreprendre la guerre feulement
auec fes gens propres ; ce qui venoit dequoy
ce Roy eftoit vn grand Politique, & qui n'a-
uoit iamais interrõpu les ordres de la milice
dans fon Eftat, bien qu'il fe trouuat dans vne
profonde paix : de laquelle vn Prince fe
voyant obligé de fortir pour entrer dans
les emplois de la guerre, il doit bien prendre
garde de ne iamais hazarder le bonheur de
fes victoires auec vne partie de fes forces.

*Qu'vn Prince ne doit iamais hazar-
der le bonheur de la victoire auec
vne partie de ses forces.*

## CHAPITRE XX.

PRINCE, le combat des trois Horaces, & des trois Curiaces, qui se lit dans Tite-Liue, duquel Tullus Roy des Romans, & Metius Roy d'Albe, faisoient dépendre la liberté de tout vn peuple, m'a inspiré le dessein de vous representer de quelle importance il est qu'vn Prince ne hazarde iamais sa bonne fortune auec vne partie de ses forces dans quelque rencontre que ce soit; & dans celle-cy ie n'ay iamais pû me persuader que ces deux Roys eussent vne pure intention de ceder l'vn à l'autre, par le succez que les combattans d'vn parti pourroient auoir sur l'autre. Aussi vit-on que Metius, forcé de se confesser vaincu, & d'obeïr aux Romains, dans la premiere expedition qui se fit contre les Veyens, il n'oublia pas de faire ses efforts pour les tromper, comme par vn repentir, ou pluſtoſt vn dépit d'auoir agi ſi temerairement, que de conſigner ſa liberté & celle de ſon peuple, entre les mains de trois de ſes ſujets. De quel regret n'eſtoit il pas touché de voir ſa Majeſté Royale obſcurcie, l'eſclat de ſon throſne terny, ſa Couronne abatuë, ſon Sceptre briſé, ſon Royaume deſtruit, & d'auoir perdu la bataille, auec ce qu'il auoit de plus pretieux, ſans auoir combattu? Luy qui pouuoit reſiſter genereuſement aux Romains, qui ne faiſoient que naiſtre; luy qui auoit aſſez de gens pour leur oppoſer en teſte vne forte armée; luy qui auoit aſſez de force pour conſeruer encore bien long-temps ſa liberté, s'en vit deſpoüillé en moins d'vn iour, par la ruſe du dernier des Horaces, qui auoit ſuruefcu à ſes freres. Tous ces malheurs ne luy ſont arriuez que pour auoir choqué la maxime qui fait le titre de ce Chapitre; & ie ne penſe point qu'il y ait de Sage Politique qui iuge à propos qu'vn Prince doiue iamais combatre auec vne partie de ſes forces. Cet erreur ſe commet ordinairement dans la garde des paſſages, des redoutes, ou des petits forts esloignez des Villes qu'on veut conseruer. Mais sçachez, Prince, que les assaillans, ou ils negligeront vos passages gardez comme fit François le Grand, quand il alloit à la conqueste de la Lombardie, qui eut pluftost passé les Alpes qu'on ne le creut arriué; ou on se fera des chemins esloignez de vos forts qu'on n'attaquera pas, comme fit le Prince d'Orange au siege du Sas du Gand, lequel laissa à part le fort Saint Antoine, que l'Espagnol estimoit vne grande defense à cette forteresse; & en cas qu'on vienne attaquer vos passages, ou vos forts gardez, difficilement pourrez-vous resister à vne armée entiere qui y engloutit d'abord ce peu de monde que vous tenez, & c'est autant de diminution & de diuersion de vos forces qui s'affoiblissent par la perte de vos gés que vous exposez à la rage de vos ennemis, d'ou reüssissét ces deux effets qui vous sont esgalemét preiudiciables; l'enne-my prend courage, il se promet vn heureux succez d'vn si bon commencement. & tout au contraire le reste de vos gens le perdent se voyans à moitié vaincus, & les peuples qui sont aux enuirons se soûmettent sans

refiftance à la deuotion des vainqueurs.
Les Romains, quoy qu'ils connuffent la
peine qu'auoit Hannibal à paffer les Alpes,
qui font la feparation de la France & de la
Lombardie, & celles qui diuifent la Lombardie d'auec la Tofcane, ne s'amuferent
pas de l'attendre fur les paffages, où toutes
leurs forces ne fe pouuo'ent pas ramaffer;
mais comme des Politiques guerriers l'at-
tendirent pied ferme fur la riuiere du The-
fin, &'du depuis dans la pleine d'Arrezze,
où leur armée auoit la liberté de combattre;
car ils aimerent mieux qu'elle fut mife en
déroute en vn lieu où elle pouuoit fe promettre la victoire, que de la conduire fur
les Alpes, où fans doute la difficulté de
l'affiette l'auroit ou entierement ruinée, ou
extremement affoiblie. Les Villes d'Allemagne, qui font pour la plufpart bien for-
tifiées en elles mefmes, ne s'amufent gueres
à baftir des forts fur les aduenuës, afin de ne
point faire de diuerfion de leurs forces
qu'elles tiennent au dedans pour la conferuation de la piece principale ; d'autant
qu'vne bonne armée eft fuffifante pour
conferuer vne Ville : que fi elle eft trop
foible, à cet effet toutes les forterefles fe-

ront inutiles, voir preiudiciables, pource
que l'ennemy les occupant, elles luy serui-
ront de retraitte, & d'vn lieu propre à se
fortifier; & il n'y a qu'vne seule rencontre
où ie les trouue de quelque vtilité, lors
qu'elles sont posées sur la frontiere, par-
ticulierement sur la mer, où elles puissent
faire resistance pendant quelques iours
pour donner le loisir à l'armée de se ramasser toute en vn corps, afin de s'opposer aux
entreprises de l'ennemy. Par tout ailleurs
elles sont de nul effet, ou d'vne grande incommodité, en ce que si elles sont de peu
de resistance, l'ennemy s'en empare facile-
lement; & si elles sont bonnes & propres à
resister vn long-temps, il les neglige &
entre dans le païs sans se soucier de les
attaquer. De là ie conclus, Prince, qu'il n'y
a qu'vne bonne armée tousiours vnie &
iamais partagée, soit pour garder des passages ou des forteresses, qui vous puisse donner vn heureux succez dans les affaires de
la guerre : ie n'improuue pas pourtant ces
pieces de campagne que les assaillans font
dans le camp, où toutes les trouppes sont
ramassées, ny les ouurages du dehors d'vne
fortification, à la defense desquels les sol-

dats qui font au dedans peuuent tous conf-
pirer; mais feulement ces forterefles efloi-
gnées qui vous obligent à partager vos gens
& les affoiblir d'autant; car c'eft vous expofer à perdre le bonheur de la victoire auec
vne feule partie des forces que vous auez en
main, qui ne font iamais plus vigoureufes
ny plus redoutables, que quand elles font
vnies. Vous trouuerez, Prince, par la
lecture des Hiftoires, que les Romains &
les Lacedemoniens, ne fe font iamais occupez à baftir loin de leurs Villes des forto-
refles qu'ils ont iugé en temps de paix eftre
vne chofe inutile, & en temps de guerre
preiudiciable ; & ces derniers n'ont pas
mefme voulu ceindre leurs Villes de murailles, pource qu'ils croyoient qu'il n'y a-
uoit point de meilleure deffenfe que la valeur d'vne armée toute ramaffée : mais la
couftume l'ayant emporté fur leurs fentimens, il eft à propos de la fuiure, & d'examiner en fuite quel iugement vous deuez faire
des forterefles bafties dans les Villes.

## Quel iugement vn Prince doit faire des forteresses basties dans les Villes.

# CHAPITRE XXI.

PRINCE, cette instruction est vne suite de la precedente, laquelle estant bien examinée, sera trouuée aussi veritable que celle là, par tous ceux qui en voudront iuger equitablement. Ie preuois bien pourtant qu'elle aura de la peine de passer entre la pluspart des Politiques de ce temps, qui la censureront plustost que de luy donner leur approbation; mais puis qu'elle est toute pour vous, negligeons leurs sentimens, & faites moy l'honneur d'escouter les miens. La fin principale des forteresses qu'on esleue dans les Villes, est de tenir les habitans en bride & sous l'obeïssance du Prince, qui par là pretend se fortifier contre leur rebellion. Mais surquoy pouuons nous fonder la crainte que le Prince a que ses sujets se reuoltent contre luy, que sur la haine qu'ils luy portent, laquelle ne fçauroit auoir d'autre cauſe que ſes mauuais deporte-mens, qui naiſſent ou du peu de prudence qu'il a dans ſon gouuernement, ou de ce qu'il ſe perſuade qu'é vertu d'vne fortereſſe il peut forcer toute vne Ville entiere à ſouffrir tout le mauuais traittement qu'il luy voudra faire. Vn Prince de ce naturel ſe rend & plus violent & plus temeraire à la venë de cette Citadelle qui fait tout ſon appuy, & ſur laquelle il fonde toutes ſes eſperances du ſuccez meſme de ſes deſſeins les plus iniuſtes : mais qu'il s'abuſe eſtrangement, & qu'il y a bien peu d'aſſurance en ce qu'il ſe fie le plus! d'autant que de tous les moyens violens dont on peut ſe ſeruir pour arreſter vn peuple, il n'y en a que deux dont on ſe peut promettre quelque effet; l'vn, c'eſt qu'à l'exemple des Romains, on ait vne armée touſiours preſte pour mettre en campagne, qui eſtouffe la rebellion dans ſa naiſſance, & qui aille au deuät des deſſeins d'vn peuple mutiné ; l'autre, c'eſt de le detruire tout à fait, en le faiſant paſſer au fil de l'eſpée, ou bien le ſeparer en telle façon qu'il n'ait pas le moyen de s'aſſembler pour faire reuiure leur coniuration ; car de l'a-

pauurir ou de le defarmer feulement, la
haine qu'il porte au Prince luy fournira
affez de moyens pour recouurer des armes,
& de s'en prendre feulement aux Chefs, on
les verra renaiftre comme ceux de l'Hydre. Pour ce qui eft des forterefles, vn peuple mutiné s'en moque, & les fait tourner
au defauantage de celuy qui les tient, pource qu'appellant l'ennemy au dedans, les
forces des deux partis vnies font vn
double effort, auquel la meilleure Citadelle
du monde ne fçauroit long-temps refifter;
& ie trouue qu'il n'en eft point de meilleure
que de s'acquerir l'amour de fon peuple, en
les protegeant comme fait vn Chef de famille fes domeftiques, & en les cheriffant
comme vn pere fait fes enfans, & en ces cas
vne forterefle eft fort inutile dans vne Ville,
pource que tandis que l'amour du Prince y
viura, on n'y verra iamais naiftre aucune
confpiration contre fon authorité : que s'il
eft hay, il ne luy fera pas feulement inutile,
mais encore preiudiciable, par les raifons
que ie viens d'alleguer, toutes fondées fur
ce que la haine infpire des moyens impre-
ueus au Prince pour fecoüer le ioug de fon
obeïffance; & il n'eft rien qu'vn peuple mal

traitté n'entreprenne contre celuy dont il
se croit offensé. Il exposera volontiers sa vie
& ses biens pour se vanger ; & le dernier
remede, c'est qu'il appellera l'ennemy au-
quel il ioindra ses forces, pour assaillir ceux
qui sont destinez à la garde de la forteresse,
qui n'ayant point d'autre defense que celle
du dedãs, ne sçauroient long-téps resister à
la fougue d'vne populace mutinée, & conduite par dès Chefs qui luy viendront du
party ennemy. Il y a encore vne deuxies-
me raison de bastir des forteresses dans les
Villes qui n'ont pas plus de force que la
precedente, c'est qu'à sa faueur on se persuade de pouuoir recouurer vne Ville perduë, qui se trouue bridée & dominée par
vne Citadelle : mais par quel moyen peut-
on venir à bout de ce dessein? Pour moy, ie
n'en vois point d'autre que le secours d'vne
armée, qui vienne du dehors pour reparer
la perte qu'on a faite, & si faut-il encore
qu'elle soit assez forte pour pouuoir assaillir
d'elle mesme ceux du dedans, quand bien
il n'y auroit point de forteresse. Et en ce cas
qui est-ce qui ne voit point l'inutilité de
cette piece, puis que sans elle on peut effe-
ctuer ce qu'on entreprend?　Qu'on ne me

dife point que le fecours qu'vne forterefſe peut donner à vne armée occupée à re-couurer vne Ville perduë eſt de tres-grande conſequence, car ie ne vois point par quelle raiſon on ſe doiue rien promettre des derſonnes renfermées, qui ne ſçau-roient vnir leurs forces auec celles qui leur viennent du dehors, & qui ſont trop foibles pour faire des ſorties ſur le peuple; ie veux qu'ils ayent quantité d'artillerie, mais les ſecrets de la guerre enſeignent les moyens de parer aux coups de canon, & de battre du bas d'vne Ville la batterie d'vne Cita-delle, pour ſi eminente qu'elle ſoit, & par là la rendre inutile L'œconomie des Ro-mains n'a iamais eſté de baſtir ces ſortes de Citadelles pour s'aſſurer d'vne Ville où ils preuoyoient quelque apparence de reuolte; tout au contraire ils auoient accouſtumé d'abattre les murailles, & de la deſpoüiller de toute ſorte de force. Ceux qui eſleuent vne forterefſe au dedans d'vne Ville, pen-ſent mettre vne eſpine au pied de ſes habi-tans, & ils s'encloüent eux-meſmes; l'e-xemple de Louis XII. en eſt vne preuue toute manifeſte. Son Hiſtoire nous aduertit, qu'ayant ramaſſé tout ce qu'il auoit de

forces pour aller aſſaillir Geneue, reuoltée
contre ſa Majeſté, il la prit; & pour s'en aſ-
ſeurer entierement, il y fit baſtir vne des
plus conſiderables fortereſſes de ce temps;
mais les François ayant eſté chaſſez d'Italie
elle ſe reuolte vne ſeconde fois, & Fregouſe
s'eſtant emparé de toute la contrée depen-
dante de Geneue, vint à bout de la fortereſſe, laquelle il obtint par faute de viures
dans l'eſpace de 16. mois. Apres cette action
genereuſe pluſieurs luy conſeilloient de la
reſeruer comme vn lieu de retraitte & vn
azyle bien aſſuré; mais ce ſage Politique
connoiſſant que ce ne ſont pas les fortereſſes
mais bien l'amour du peuple, qui conſerue
l'Eſtat à vn Prince, la fit tout auſſitoſt de-
molir: & du depuis il s'eſt touſiours veu pai-
ſible poſſeſſeur de cette Ville. Cent autres
exemples que vous lirez dans les Hiſtoires,
vous inſtruiront de la verité de cette maxime, & vous feront voir combien peu d'eſtat
il faut faire des Citadelles Nous trouuons
que les Romains ne ſe ſont iamais occupez à en faire baſtir, quoy qu'à la verité
i'aduouë qu'ils en ont conſerué quelques-
vnes deſia baſties ; ce qui n'empeſche pas
qu'on ne puiſſe dire hardiment que generalement

ralement parlant, elles font plus nuifibles
que profitables, par les raifós que i'ay dites;
& qu'en fuitte vn Prince qui doit fonder
fon Eftat pluftoft fur l'amour de fon peuple,
que fur fes propres forces, doit faire fort
peu d'eftat de ces forterefles qu'on a accouftumé d'efleuer dans les Villes, qui rendent
fouuent vn Souuerain mal né, infupportable à fes fujets, & incapable d'vfer auec
moderation des victoires que le Ciel luy
donne fur fes ennemis.

*Qu'vn Prince doit vfer fobrement de
la victoire.*

# CHAPITRE XXII.

**P**RINCE, les plus belles conqueftes
font fouuent ruinées, ou beaucoup affoi-
blies, pour ne fe fçauoir pas conferuer dans
vne moderation qui les affermiffe. Vn
Conquerant qui voit toute vne nation fle-
chir fous le fuccez de fes armes, ne fonge
plus qu'à les porter plus auant, & à fe foû-

K

mettre de nouueaux peuples : il ſe flatte facilement de ſe faire vn beau iour dans les païs les plus eſloignez, & qu'vne conqueſte en appellera vne autre. Voyant des Prouin-ces & des Royaumes entiers eſtre le fruit de ſes trauaux, il n'eſt choſe au monde qu'il n'oſe entreprendre , ſans enuiſager rien de ce qui peut s'oppoſer à ſes forces : dans ſon ſentiment , tout luy doit ceder , & il n'eſt point de nation qui luy puiſſe reſiſter. I'aduouë, Prince, que les premiers ſuccez, quã i ils ſõt heureux & fort extraordinaires, ſont capables de releuer beaucoup le cou-rage des Chefs & des ſoldats qui compo-ſent vne armée, & meſme les aueugler dans leur bonne fortune. Vne armée victorieuſe eſt vn foudre qui dans vn moment fait vn chemin preſque incroyable , & penetre dans des lieux qui ſont les plus eſloignez de celuy d'où elle ſort : c'eſt vn torrent que la force des digues ne ſçauroit arreſter, c'eſt vn eſclair qu'on voit paroiſtre dans vne nation eſtangere, preſque au meſme temps qu'elle diſparoit de ſon païs natal. Dans nos iours nous voyons les armes de Sue-de auoir vn ſuccez ſi fauorable , qu'en moins de ſix mois le Roy Charles s'eſt veu

le maiſtre preſque de toute la Pologne.
Mais, Prince, que ces victoires ſi ſoudaines
ſont dangereuſes, ſi le chef n'en ſçait pas
vſer ſobrement & auec beaucoup de prudence ! Il n'y a iamais eu vn plus grand
Conquerant qu'Alexandre le Grand, & ſi
pourtant Quintecurſe le nous repreſente
dans ſon Hiſtoire, occupé pendant quatre
mois au ſiege de Tyr, pour n'auoir pas voulu receuoir cette Ville ſous ſa protection
aux conditions qu'elle luy propoſoit, &
enfin obligé de s'y ſoûmettre, voyant
qu'elle ſeule auoit eſté capable d'arreſter
le cours de ſes conqueſtes, & qu'elle luy
auoit fait perdre beaucoup de nouuelles
acquiſitions dans le temps qu'il s'opinia-
ſtroit à la forcer : mais le ſuccez des armes
qui auoit aueuglé Alexandre fit le meſme
effet ſur les habitans de Tyr ; ils creurent
que leur Ville auantagée dans l'aſſiette,
fournie de tous les appareils de guerre, &
qui auoit reſiſté vn temps aſſez conſiderable
aux forces de l'ennemy, pouuoit entierement ſe ſouſtraire de ſa protection & ſe
conſeruer d'elle-meſme. Ce faux ſentiment
leur fit reuoquer leur premier deſſein ; &
enflés d'auoir reſiſté aux armes du plus

grand Conquerant du monde, se porterêt à
cette extremité de massacrer les Ambassa-
deurs d'Alexandre, qui alloient vers eux
pour receuoir les premieres conditions de
l'accord qu'ils auoient auparauant proposé.
Cette action lasche & inhumaine irrita
d'vne telle façon Alexandre, qu'ayant pris
de nouuelles forces & releué son courage,
il assaillit la Ville, il la prend & fait vne
boucherie de tout ce qu'il y auoit au dedans: d'où ie tire cette consequence, que si
d'abord Alexandre auoit receu la capitula-
tion de ceux de Tyr, il n'auroit pas perdu
ny le temps, ny beaucoup d'autres conquestes qu'il auroit pû faire pendant qu'il
estoit occupé au siege de cette Ville; & que
ceux de Tyr auroient eschappé à la fureur
de leur vainquenr, s'ils eussent sceu se seruir bien à propos & sobrement de leur bonheur. Mais la fortune qui est tousiours ca-
pricieuse en toutes sortes d'affaires, inspira
de faux sentimens dans l'esprit des deux
partis pour accabler enfin la Republique de
Tyr sous sa propre ruine. Surquoy, Prince, ie feray vne reflection assez agreable:
C'est qu'en lisant les Histoires, i'ay remar-
qué fort souuent qu'il y a vne certaine fata-

lité ou deſtin dans les choſes humaines, que
l'homme le plus ſage du monde ne ſçauroit
eſuiter; dans cette rencontre ſa prudence eſt
aueugle, ſes lumieres s'eſclipſent, & il ſe
voit comme forcé d'agir contre ſon propre
deuoir : dequoy veritablement il n'eſt point
à blaſmer, pource que les ordres du Ciel
ſont touſiours ineuitables & touſiours fort
raiſonnables. Tite-Liue nous deſcrit diuerſes erreurs que le peuple Romain a
commis, comme par vn ordre irreuocable
du deſtin, qui ſe voulant ioüer de ſa grande
puiſſance, luy inſpira d'enuoyer les Fauius
vers les Fráçois, pour les diuertir du deſſein
qu'ils auoiét d'aſſaillir la Toſcane. Mais ces
grands hommes plus propres pour cöbattre
que pour faire des harágues, trouuát les Fráçois aux priſes auec le peuple de Toſcane,
s'allierent de ceux-cy, & combatirent ceux-
là: dequoy la nation Françoiſe eſtant animée
tourna tous ſes efforts contre Rome, negli-
gligeant ſes premiers ennemis. Dans cette
pourſuite il n'eſt pas croyable le peu de conduite que les Romains ont euë; car Camillus, qui eſtoit le ſeul homme dans Rome qui
pouuoit mettre ordre à cette guerre, fut enuoyé en exil. Les Romains qui dans tou-

tes les guerres auoient accouftumé de creer
vn Dictateur, n'en firent point dans celle-
cy; ils fe negligerent fi horriblement à leuer
leur milice, qu'ils eurent toutes les peines
du monde, de conduire leurs trouppes iufques à dix mille de Rome pour s'oppofer
à la fureur Françoife; & combatirent auec
tant de lafcheté, que la plufpart s'enfuirent
dans les terres de leurs alliez, & les autres
fe retirerent à Rome, où le Senat ayant pris
l'efpouuante fe retira dans le Capitole, fans
foigner autrement la Ville, & fans mefme
en fermer les portes; dans laquelle les François éftans entrez fans refiftance, la faccage-
rent entierement, à la referue du Capitole,
fur lequel ils n'attenterent point, s'éftans
contentés d'vne certaine fomme d'or qui
leur fut donnée, ne voulant pas mal vfer du
fuccez de leurs armés. Mais le Ciel qui
s'eftoit pleu d'abbatre l'orgueil Romain, fe
tefmoigna dans le mefme temps fauorable à
ce peuple, en ce qu'il luy mit au cœur d'enuoyer en exil Camillus, & non pas de le
faire mourir, lequel feruit en fuite pour releuer la gloire de Rome : il permit que la
Ville fut prife, & que le Capitole fut con-
ferué auec l'efclat du Senat, qui remit en

suite cette superbe Cité dans sa premiere grandeur.

Mais pour remonter à la These proposée dans le Chapitre present, qu'il faut vser sobrement de la victoire; Venise est suffisante pour vous persuader la bonté de cette maxime. Il y a douze cens ans que cette Republique subsiste, pour n'auoir pas songé de heurter les Puissances voisines afin de s'agrandir : elle a esté formée par vn tas de fugitifs qui se retirerent à la pointe de la mer Adriatique, par l'arriuée des nations estrangeres dans l'Italie, qui ruinerent toutes les Villes circonuoisines : elle s'est occupée aux emplois du negoce : elle a conserué le repos au dedans, & n'a iamais fait esclatter beaucoup sa force au dehors, que pour se defendre ou pour se ioindre à des partis qui luy ont esté presque tousiours salutaires. La Hollande qui est encore dans son enfance, se conserue en repos & dans vn haut esclat, pour se sçauoir contenter des Prouinces & des Villes que la generosité des Princes d'Orange ont soûmises à leur authorité ; & si elle a refusé de suiure les mouuemens genereux de ces Heros, ce n'est que par ce sentiment, qu'il faut sobre-

ment vſer de la victoire, car elle a creu que
les nouuelles conqueſtes qu'elle pourroit s'acquerir ſous la ſage conduite de ces
grands Capitaines, rendroient la Republique trop voiſine de la France, dont ils connoiſſent l'humeur auſſi remuante, que genereuſe. Si Carthage apres la defaite des
Romains à Cannes par Hannibal, eut
ſuiui le bon ſentiment qu'vn de ſes Sena-
teurs expoſa ſur ce ſujet, qu'il eſtoit bon de
faire la paix auec ce peuple, qu'il ſuffiſoit
de l'auoir vaincu, & qu'il eſtoit ſalutaire
d'eſtre modeſte dans ſes victoires, elle ne
ſe fut pas enfin veuë contrainte de ſe commettre à la diſcretion & à la fureur de
Rome. Mais les hommes ſe forment tant
de vaines eſperances, lors que la fortune
leur rit, qu'il eſt bien difficile de les ranger
dans vn eſtat de moderation, qui les faſſe
ioüir en paix du bonheur que les armes leur
ont acquis. Si la France pouuoit auiour-
d'huy relaſcher quelque choſe de cette humeur martialle qui l'agite, le peuple en viuroit cent fois plus content, & le Roy ſe
verroit en eſtat de ioüir de ſes conqueſtes
auec vne douceur qui luy donneroit le loiſir
de connoiſtre l'amour & la bienueillance

que fon peuple a pour luy; & s'acquerroit
l'amitié de fes voifins mefme, par l'eftime
qu'ils doiuent à fa vertu.

*Qu'vn Prince fe doit acquerir l'amitiè*
*de fes voifins, par l'eftime qu'on a*
*de fa vertu.*

## CHAPITRE XXIII.

PRINCE, les amitiez qui fe forment
entre les Puiffances Souueraines, font
toutes d'vne autre nature que celles qui
vniffent les cœurs des perfonnes priuées:
auffi fe faut-il feruir de moyens fort differens pour fe les acquerir; elles font toufiours fondées fur des maximes d'Eftat, &
par confequent fragiles, foibles, changean-
tes & intereffées; elles fe ruinent fur la
moindre occafion qui paroift fauorable de
faire des nouuelles conqueftes & des nouueaux progrez les vns fur les autres; & la
reuolution du temps qui deuore toutes
chofes, les affoiblit d'vne telle façon, qu'elles deuiennent ou fufpectes ou inutiles.

Vn Prince qui s'acquiert l'amitié de ſes voiſins, affermit par là ſes frontieres; & ſi ſon Eſtat eſt bien ſain dans l'interieur, il ſe verra le Chef d'vn corps bien conditionné en toutes ſes parties : mais de tous les moyens dont vous pourez faire eſlection pour reüſſir dans cette rencontre, ſçachez qu'il n'y en a qu'vn ſeul qui puiſſe auoir vn effet ſalutaire, qui eſt de vous ſoûmettre le cœur des Puiſſances qui vous enuironnent, par la reputation de vos armes & de vos forces. L'argent qui a vn pouuoir merueilleux en toutes choſes, & duquel les plus braues de ce ſiecle ſe laiſſent corrompre, n'a pas aſſez de force ; tout au contraire, vn Prince qui verra que vous vous rendez ſon penſionnaire, ſoupçonnera voſtre courage, & vous croira impuiſſant pour reſiſter à ſa force qu'il tournera contre vous au moindre orage qui s'eſleuera dans voſtre Eſtat. Il eſt touſiours fort glorieux à vn Prince, & c'eſt vne marque de ſa puiſ-ſance, que d'auoir ſes voiſins pour tributaires : mais c'eſt vne laſcheté, & vn ſigne euident de foibleſſe, de ſe rendre leur penſionnaire. Meſme ie ſouhaitterois qu'vn Prince ne s'empreſſat iamais d'augméter ſon Eſtat

auec l'argent, pource que des terres qui font
acquifes auec ce metail, fe defendent difficilement auec le fer; qui eft l'vnique inftrument qu'vn Prince genereux doit employer dans fes conqueftes. Les Romains
lors mefme que leur liberté s'eft veuë ef-
branlée, par la perte de trois batailles don-
nées contre Hannibal, bien que leur threfor public fut bien afforti, ne fe feruirent
point dans cette rencontre de l'or ny de
l'argent qu'ils auoient pour emouffer la fureur de cet ennemy redoutable; & iamais
ils n'ont vfé de ce moyen pour faire vne
paix qu'ils auroient creu honteufe, ny
pour faire des nouuelles conqueftes qu'ils
n'auroient pas eftimé legitimes, mais ils fe
font fait tous leurs voifins alliez par le feul
efclat & par la feule reputation de leurs armes, & les ont forcez à vne paix glorieufe
par l'eftime qu'ils faifoient de leur vertu.
Ie fçay bien, Prince, que ce n'eft guere la
maxime du fiecle, dans lequel nous voyons
acheter & la paix, & les alliances des Eftats
voifins, à beaux deniers contens: mais ne
vous rendez point à vn mauuais exemple;
la lafcheté ou le peu de conduite de ceux
qui fuiuét cette pratique, en eft la caufe, qui

ne doit point auoir aucune influence ſur voſtre eſprit, lequel vous deuez touſiours tenir occupé dans des maximes nobles & genereuſes qui faſſent eſclatter voſtre reputation par tout, laquelle vous acquerra plus d'amis & plus d'alliez que tout l'or que les Indes fourniſſent. Vn Prince voiſin d'vn Eſtat floriſſant, ne ſonge qu'à ſe le rendre amy, il redoute ſes forces, il apprehende ſon eſclat; & quoy que ſon amitié ſoit fondée ſur la crainte que luy imprime l'eſtime qu'il a du pouuoir du Prince qui la gouuerne, il ne faut pas la meſpriſer ; tout au contraire il en faut faire plus de cas , pource qu'eſtant fondée ſur ce qui vous appartient, elle en eſt beaucoup plus ferme , que s'il y auoit quelqu'autre motif independant de vous qui la format. Dans cet Eſtat, Prince, vous eſtes capable de faire tout entreprendre à vos alliez, qui n'auront d'autre mouuement que celuy que vous leur imprimerez, qui n'oſeront former des entrepriſes ſans vous auoir conſulté , & qui ne ſe propoſeront iamais aucun deſſein qui ne vous ſoit connu. Par là vous dominerez ſur vn peuple qui ne vous eſt pas ſujet; vous impoſerez des loix à vne nation dont vous n'eſtes

pas le maiſtre; vous aurez autant de part
dans leur Conſeil, & dans l’adminiſtration
de leurs affaires, que ſi vous eſtiez leur
Prince naturel; & tout autant d’alliez que
vous aurez, ce ſeront autant de Puiſſances
tributaires qui rendront hommage à voſtre
vertu, que vous conſeruerez dans ſon eſclat
lors que vous entretiendrez les bons ordres
de la milice chez vous. Vne des choſes qui
me choque le plus en France, c’eſt de voir
qu’vn Roy ſi puiſſant ſe rende comme tri-
butaire des Suiſſes & des Eſcoſſois, à qui il
commet la garde de ſon Corps : il y a tant
de braues ſoldats, & ſi affectionnez à leur
Prince, que dans mon ſentiment ce ſecours
eſtranger eſt iniurieux à ſa gloire & à la fidelité de ſes ſujets. Vne Republique, ou vn
Eſtat qui ne fait que naiſtre, eſt fort excuſa-
ble, de s’allier d’vn Prince puiſſant pour
combattre vn ennemy commun, pource
qu’elle n’a pas encore aſſez de force de ſub-
ſiſter d’elle-meſme: mais quand elle eſt arriuée à vn degré de vigueur qui le peut ſouſtenir ſans vn aide emprunté, elle a toutes
les raiſons du monde de teſmoigner qu’elle
s’en peut paſſer Il y a cent fois plus de plaiſir de ſe ſouſtenir ſur ſes propres iambes

que fur des efchaffes, dont le fecours eftant empefché, vne perfonne fe trouue dans l'impuiffance de fe mouuoir. Vn homme a bien plus de fatisfaction de cueillir des fruits dans fon iardin, que dans celuy qui ne luy appartient pas; & il eft beaucoup plus noble de fubfifter de foy-mefme, que par vn fecours eftranger. C'eft par ces raifons que les Philofophes eftiment plus noble la fubftance que l'accident, & la forme que la matiere; c'eft par la mefme raifon que les Politiques font plus d'eftime d'vn Prince dont l'efclat de fes forces le conferuent en paix dans fon Eftat, & le rendent redoutable à fes voifins, qu'vn autre qui ne fubfifte que par la protection qu'il reçoit d'vne Puiffan-ce fuperieure. La dependance, Prince, vous doit eftre infupportable, à laquelle pourtant vous vous expofez, lors que pour vous faire vos voifins amis, vous leur faites des auances. Entretenez vne bonne milice dans voftre Eftat, tenez toufiours vos for-ces fur pied, & vous trouuerez infaillible-ment que vous ferez recherché des Puiffan-ces qui ioignent à vos frontieres, lefquelles vous maiftriferez par le feul efclat de vos armes. Cette façon de s'acquerir l'amitié

de ſes voiſins, eſt digne d'vn grand Prince,
qui ſe les ſoûmet auec vne plus grande fermeté que s'il leur faiſoit les plus riches preſens du monde. S'il forme quelque belle entrepriſe, il ſe peut promettre leur ſecours
qu'ils n'oſeroiét luy refuſer; & s'il ſe trouue
attaqué par des forces eſgales aux ſiennes,
le concours de pluſieurs alliez les ruineront
facilement; & ſi elles ſont ſuperieures,
il les peut eſgaler par celles qu'il receura de
ſes voiſins qui luy ſont amis. Ce ſont là les
auantages, Prince, que vous receurez, lors
que voſtre propre vertu, & non pas l'or ou
l'argent, vous acquerra l'amour & l'amitié des autres Princes qui ſont vos voiſins.
Lors que Rome eſtoit encore dans ſon haut
eſclat, auant que des Empereurs laſches &
effeminez y exerçaſſent leur authorité, on a
veu conſpirer tous ſes voiſins à ſa conſeruation, pour meriter ſon amitié & ſa protection, que les Romains ne leur ont iamais
refuſée comme des Sages Politiques, qui
les tenoient par ce moyen occupez à ga-
rentir les pieds & les mains de ce corps illuſtre. Cependant qu'ils employoient tous
leurs ſoins à conſeruer le cœur, par le bon
ordre de la milice qu'ils ont touſiours en-

tretenuë dans l'interieur de leur Eſtat, ils abandonnoient leurs frontieres à la garde de leurs voiſins, mais ils ſe ſont touſiours conſeruez celle de leur maiſtreſſe Ville, pource qu'vn corps peut bien viure encore que les pieds & mains ſoient attaquez de quelque maladie; mais il faut qu'il meure lors que le cœur eſt offencé. tant plus Hannibal s'eſt approché de Rome, tant plus a t'il trouué de la reſiſtance; & ſon armée qui s'eſt veuë triomphante ſur les frontieres de l'Eſtat Romain, a eſchoüé pour y vouloir penetrer trop auant. L'appuy que vous tirerez, Prince, de vos voiſins alliez, vous donnera le loiſir de vous former les veritables maximes pour vous conſeruer touſiours dans vne meſme conſtitution.

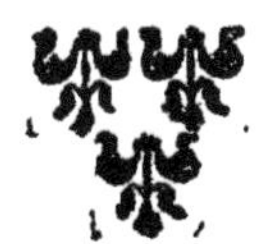

Qu'vn Prince se doit conseruer vne
mesme constitution dans la bonne
& dans la mauuaise fortune.

## CHAPITRE XXIV.

PRINCE, ne vous persuadez pas que
mon dessein soit de vous inspirer les
sentimens de la Philosophie des Stoïciens,
qui affectoient vne si grande indifference
en toutes choses, que le plaisir & la douleur
estoient esgallement bien venus dans leur
escolle. Leurs maximes estoient, qu'il falloit
aussi-tost estouffer vne ioye naissante,
qu'esmousser la pointe d'vn ressentiment
dans le cœur; & que les attraits d'vne belle
fortune deuoient estre reiettez, auec la mesme liberté que l'on se defend des chagrins
qu'vn malheur considerable a accoustumé
de causer: mais ils ont exigé de l'homme au
dela de ses forces qui sont trop foibles pour
executer toutes ces ridicules speculations,
qu'ils ont comprises dans leur Philosophie.

L

Parmy les hommes il y en a de deux sortes;
les vns qui s'enflent beaucoup de la prospe-
rité, & se laissent abattre tout à fait dans
l'aduersité : les autres tiennent vn milieu
qui ne leur permet pas de s'emporter dans
vne ioye demesurée lors que la fortune leur
rit, ny de s'abandonner à vne extreme tri-
stesse lors qu'elle leur tourne le dos. De
ces derniers il en faut encore faire deux
Classes, pource que les vns agissent par stu-
pidité, faute de sçauoir connoistre ce qui est
bien, ou ce qui est mal; & les autres forment leur conduite selon les regles de la
Morale qui les esclaire pour pouuoir enui-
sager les choses du monde d'vne façon qui
soit legitime & raisonnable; & c'est la meilleure condition de toutes, pource que bien
qu'vn homme qui est informé du plaisir
qu'on peut receuoir dans vne esclattante
fortune, & du desplaisir qui naist de se voir
dans la poussiere, soit agité des mouuemens
fort contraires selon que le destin luy est fauorable ou rigoureux, il se sçait surmonter
soy-mesme; & s'esleuant au dessus de sa nature corrompuë par des genereux efforts
qu'il fait, il sçait temperer vne complaisance vaine, & moderer vn desplaisir excef-

fif. Comme il eſt plus loüable d'agir par vertu que par nature ; auſſi les hommes qui ſçauent ſe moderer dans l'vne & l'autre fortune, par les lumieres que la Morale leur inſpire, ſont dignes d'vne plus grande gloire, que ceux qui ne ſe laiſſent pas toucher aux proſperitez ny aux diſgraces par vne inſenſibilité naturelle. I'eſtime pourtant ceux-cy plus heureux, pource qu'ils ſe contentent de peu, qu'ils viuent ſans ambition, qu'ils ne s'embarraſſent point dans le tracas des affaires, qu'ils ſont ſatisfaits du partage que le Ciel leur a fait des biens de la fortune, & qu'ils ne s'eſtudient qu'à ſe conſeruer dans leur repos domeſtique. Mais, Prince, voſtre condition qui vous expoſe à tous les hazards de la fortune, eſt tout à fait oppoſée à ce genre de viure particulier ; & il n'eſt point de remede plus ſouuerain contre le caprice de cette inſenſée, que de vous conſeruer vne eſgalle conſtitution, tant dans la bonne que dans la mauuaiſe fortune. Les Romains ont eſté preſque touſiours vainqueurs, mais non pas inuincibles ; & lors que Hannibal les deffit à Cannes, qui fut la troiſieſme deroute qu'ils ſouffrirent, ils ne ſe rebuterent point de la difgrace du fort ; tout au contraire ils armerent puiffamment, & fe voyant en defaut de ieunes foldats, ils choifirent des vieillards autant qu'il en falloit pour refifter aux efforts de ce grand Capitaine : ce qui rendit la puiffance Romaine fi redoutable à Carthage, qu'il fe trouua des fages Politiques dans fon Senat pour conclurre à la paix, bien que la victoire fe fut iettée entre les bras des Carthaginois, qui ne l'ayant pas fceu traitter auec la moderation qu'il falloit, fe rangea du parti des Romains, comme nous auons dit au Chapitre 22. Cette force d'efprit, Prince, s'acquiert par vne bonne education, formée par vn Directeur qui ait les conditions dont i'ay parlé au Chapitre 2. & qui fçache vous faire enuifager le train changeant des chofes qui fe paffent dans le monde où il n'y a rien de conftant ny de nouueau. On y fait auiourd'huy toutes les mefmes chofes qui fe font pratiquées dés le commencement du monde, on y trafique, on y traitte d'affaires d'Eftat, on y fait la guerre, on y fait des voyages par mer & par terre ; mais dans toutes ces differentes occupations, on y reçoit auiourd'huy, comme de tout temps,

des difgraces & du bonheur, des prefens &
des rebuts de la fortune ; & comme les fie-
cles paffez ont produit de fages & d'excellens hommes qui ont fceu fe mefnager dans
l'vn & l'autre fort, il faut que celuy fous lequel nous viuons nous donne les mefmes
auantages en voftre illuftre Perfonne, par la
pratique de cette belle maxime, qu'vn
Prince fe doit conferuer vne mefme conftitution, dans la bonne & dans la mauuaife
fortune. Tite-Liue nous reprefente Ca-
mille dans fon Hiftoire, comme vn homme
lequel l'efclat de la dictature n'auoit point
rendu plus orgueilleux, ny la difgrace de
fon exil moins genereux; il fe comporta par
tout comme vn prudent Pilote, qui ne diminuë rien de fon courage pour fe voir
battu de la tempefte, & qui ne s'enfle point
de la profperité du fort. Si par hazard,
Prince, vous vous trouuez dans vn eftat
fort diffemblable de celuy de vos Anceftres,
& en gloire & en authorité; peut-eftre
pource que voftre bas âge ne le permet pas,
ou que la malice du temps l'empefche, cela
ne doit rien diminuer de voftre courage; au
contraire il faut le releuer & prendre de
nouuelles forces pour vous rendre digne

des mefmes emplois que vous deuez attendre de la reconnoiffance de ceux pour la
conferuation defquels vos peres ont refpan-
du leur fang & donné leur vie. Leur exemple vous doit eftre vn efperon pour vous
auancer; & fi vous faites reflection fur voftre
eftat prefent, ce ne doit eftre qu'afin de faire
la recherche des moyens qui peuuent l'a-
meliorer. Et pource que les eminentes conditions ont auffi bien la fragilité que l'efclat
du verre, eftudiez vous d'acquerir dans
voftre ieuneffe les lumieres & les forces
qui font neceffaires pour refifter aux fe-
couffes de la fortune. Vn Prince qui fe
laiffe abatre par la rigueur du fort, deuient
infupportable à foy-mefme, & à tous ceux
qui ont affaire à luy : il ne goufte plus les
plaifirs de la vie qu'à moitié; & la confufion
s'empare fi fort de fon efprit, qu'elle ne luy
laiffe plus la liberté de fonger aux moyens
de fe remettre : mais vn humeur calme fe
conferue toufiours le pouuoir d'efcarter
tout ce qui luy peut caufer vne inquietude
trop grande, & de ne s'arrefter pas par trop
aux charmes qui le peuuent endormir ; elle
fe fçait accommoder aux temps & fe foûmettre par fa prudence tous les euenemens

du deſtin qui n'auront iamais aſſez de force
pour eſbranſler la fermeté d'vn courage qui
ſe ſçait poſſeder tout entier dans l'vne &
l'autre fortune. Vn eſprit de cette conſtiu-
tion, c'eſt vn rocher planté au milieu de
l'Ocean qui eſt battu de la tempeſte ſans ſe
briſer, c'eſt vn arbre ſecoüé des tourbillons
des vents ſans eſtre deraciné : & de meſme
que les croupes des plus hautes montagnes,
ſont pluſtoſt attaquées de l'orage, que les
campagnes qui les enuirõnent; auſſi les plus
eſclatantes conditions ſont celles qu'on voit
toutes les premieres expoſées aux iniures
d'vne Megere qui ſe nourrit dans l'inconſtance & dans le changement; à la fureur de
laquelle, Prince, vous ne ſçauriez reſiſter
ſans vous eſtre premierement acquis cette
force d'eſprit qui ſoûmet à l'homme ce qui
ſe rencontre de bonheur & de malheur dans
les affaires du monde. Bien qu'vn homme
ſoit ſenſible au plaiſir & à l'affliction, au
bon & mauuais ſuccez, il n'eſt pas pour cela
criminel ; & la Philoſophie meſme des
Stoïciens, pour ſeure qu'elle fut, ne les a pas
deliurez de ces mouuemens naturels; car on
en voit de cette ſecte dans la vie des Philoſophes que Diogenes Laertius a deſcrite,

qui ont pasli lors qu'ils se sont veus exposez à vn manifeste danger. Vn Capitaine qui craint le danger du combat auquel il se va commettre, ne laisse pas d'estre genereux; aussi ne demanday-ie pas, Prince, que vous vous rendiez vne statuë de fonte ou de marbre, qui est insensible aux iniures du temps: Ie ne veux pas que vous ayez son insensibilité, mais ie souhaitte quevous vous acquerriez sa fermeté, qui vous esleue au dessus de toutes les atteintes de la fortune, & qui vous mette dans vne constitution à ne point craindre tout ce que le destin a de seuere, ny à vous laisser abandonner à tout ce qu'il peut auoir de charmes. De cette façon, quel train que prennent vos affaires, vous vous conseruerez vn calme d'esprit qui vous mettra tousiours en estat de pouuoir faire le choix d'vn bon General d'armée, lors que quelque pressante necessité vous mettra les armes à la main.

## Quel doit estre vn General d'armée.

# CHAPITRE XXV.

PRINCE, le sang, la naissance, & l'esclat d'vne eminente condition, font fort souuent errer dans l'eslection d'vn Chef qu'on destine pour dominer sur toute vne armée. Les factions l'emportent presque tousiours sur la vertu, qui se trouue obligée, comme dans la pluspart des autres rencontres, à ceder aux intrigues des testes ambitieuses, qni n'enuisagent les interests de l'Estat que par reflection à leur propre vtilité. La guerre est vn orage & vne tempeste qui s'esleue dans vn Estat, qui le secouë & qui l'esbranle quelquefois iusques dans ses fondemens; c'est vne maladie qui l'agite de mille symptomes. Si vn Pilote expert est à souhaitter, lors qu'vn Vaisseau se trouue exposé à la fureur des vagues d'vne mer irritée; & si l'on s'empresse de faire recherche d'vn sage Medecin, lors qu'on fe voit attaqué d'vne incommodité dangereufe, n'eft-il pas expedient qu'vn Prince ne neglige rien pour trouuer vn bon General de fes trouppes , qui les conduife par tout auec fuccez & auec auantage ? Oüy, Prince, il eft important que quand la neceffité vous obligera de choifir vn homme pour l'efleuer à ce haut rang d'honneur, vous ne faffiez point confideration, ny fur fa naiffance, ny mefme fur le rang qu'il tient dans l'Eftat, à moins que fa vertu le luy ait acquis; mais feulement fur fon propre merite, qui doit eftre le feul motif de voftre eflection, laquelle fe doit toufiours terminer à vn feul, & non pas à plufieurs, à l'exemple des Romains qui n'ont iamais mieux reüffi dans leurs entreprifes, que quand la conduite de leurs trouppes a efté toute renfermée dans la tefte d'vn feul Dictateur, pource que la multitude des Chefs apporte ordinairement de la diuifion dans les confeils, & de la confufion fur le poinct de l'execution d'vne haute entreprife. L'experience nous a fait fouuent voir que les armées de France & celles d'Italie, ont trouué leur perte dans l'authorité de plufieurs Chefs, & qu'elles ont efchoüé pour estre trop commandées. Il est constant que le Grand Gustaue, Roy des Suedois, n'eust iamais porté ses conquestes si auant dans les Allemagnes, bien que sa vertu fut secondée de la generosité Françoise, si tous les Princes eussent conuenu dans l'election d'vn Chef qui les defendit, pour auoir voulu tous faire les maistres. Il y en a encore aujourd'huy qui souffrent de la diminution dans leurs forces, & de la flestrissure dans leur authorité. Tite-Liue raconte dans son Histoire, que le Senat de Rome ayant choisi Quintius, & Agrippa pour commmander l'armée, la sage conduite de ce dernier l'obligea à mettre entre les mains du premier l'entiere disposition de la guerre, iugeant que c'est vne des plus salutaires maximes, que l'on puisse tenir dans les armées de comettre l'authorité toute entiere à vn seul, qui doit estre extrememét prudét & fort rusé pour s'acquiter auec succez du deuoir de sa charge. Ce sont là les deux qualitez, Prince, que i'exige d'vn Chef d'armée: Ie veux qu'il soit prudét; pour pouuoir penetrer iusques dãs le Conseil des ennemis, affin d'y faire naistre la cõfusion pour cõnoistre leurs deliberations, affin de les rédre inutiles ; pour préuoir leurs defleins, affin de s'y oppofer auec vigueur, & pour ne laifler rien efchapper à fa connoiffance de ce qu'ils peuuent entreprendre. Epaminondas qui a efté vn des plus grands Capitaines qui fut de fon temps dans la Gréce, a efté de ce fentiment, qu'on ne fçauroit foupçonner d'erreur, venant d'vn homme fi fage & fi excellent. La prudence d'vn Chef luy infpirera les lumieres qui font neceffaires pour reconnoiftre l'affiette du païs, & l'aduantage ou defauantage du campement de fon armée, qui eft vne chofe des plus neceffaires pour le bon fuccez d'vne guerre : elle foûmettra l'efprit de tous fes foldats à fa conduite, à laquelle ils obeïront aueuglement la croyant fage & raifonnable : elle eftouffera les mouuemens des feditieux dés leur commencement, foit par la crainte du chaftiment, foit par les belles efperances qu'il leur donnera : elle les animera au combat par les apparences de la victoire & par les recompenfes qu'il promettra à leurs fatigues : enfin elle vnira tant de differentes humeurs & fi oppofées des foldats qui compofent vne armée pour concourir vnaniment au falut de la patrie & à la gloire

duPrince qu'ils feruent. Tous ces effets glorieux naiftront de la prudence d'vn General d'armée qui ne doit pas eftre moins rufé
que prudent. Ce n'eft pas, Prince, que par
ma maxime ie veüille authorifer la tromperie qui eft indigne d'vn homme d'honneur:
mais quand ie demande d'vn Chef qu'il foit
rufé, i'entends qu'il fçache eftudier les arti-
fices des ennemis, & en former de fi fubtils,
qu'ils ne puiffent pas eftre reconnus de
ceux qu'il a deffein de combattre. Les rufes
dont on fe fert dans la guerre, ne doiuent
point eftre appellées des tromperies; & fi
quelque efprit critique s'oppiniaftre à
leur vouloir donner ce nom, ie fouftiens
qu'elles font fans crime, fort vtiles & entierement neceffaires dans vn exercice, où
les rufes ont vn plus grand effet que la
force. Hannibal paffe fans contredit dans le
fentiment de tous les excellens Capitaines
pour vn des plus braues qui ayent iamais
efté:mais à bien examiner fa conduite, nous
trouuerons que fon adreffe à fçauoir ioüer
fes ennemis, luy a autant ferui à fes plus ef-
clatâtes actions, que la grandeur de fon courage. Quâd il voulut renfermer les troupes
Romaines fur le Lac de Perufe, il feignit

de vouloir prendre la fuite ; & pour s'ef-
chapper des mains de Fabius qui le preſſoit
de trop pres, il mit le feu aux cornes du be-
ſtial qu'il menoit pour le ſouſtien de ſon armée: l'aduouë que la tromperie qui porte
vn homme à violer la foy qu'il a donnée &
à rompre l'accord qu'il a fait, eſt à condamner; & que quand meſme elle l'eſleueroit
ſur vn throſne, qu'elle ne luy acquerra
pourtant iamais ny de l'eſtime, ny de la
gloire aupres des perſonnes qui aiment
l'honneur. Vn homme qui aura fait tran-
cher la teſte à ſon Roy, & qui aura ſoüillé
ſes mains parricides dans le ſang de ſon
Souuerain, pour monter au ſupreſme degré
de l'Empire, ne merite pas d'eſtre regardé
dans ſon eſclat, ny dans la magnificence de
ſa condition, qu'il ne poſſede que par vn crime qui deuroit attirer toutes les puiſſances
ſur luy pour abbatre ſon orgueil & prendre
vengeance de ſa temerité ſacrilege: mais les
ruſes dont ie parle, ſont celles qu'on exerce
contre vn ennemy iuré de l'Eſtat qu'on ſe
ſoûmet ſouuent pour eſtre plus fin que luy.
Pontius, Chef des Samnites voulant vaincre les Romains , ſe campa au derriere des
Alpes, & enuoya pluſieurs de ſes ſoldats en

habits de Pasteurs auec du bestail, dans les pleines circonuoisines; lesquels estant pris des Romains & interrogez où estoit Pontius, ils repartirent par l'adresse de ce Capitaine rusé, qu'il estoit occupé au siege de Nocere, lesquels adioustant foy à la parole de ces Pasteurs supposez, s'enfermerent eux-mesmes dans des endroits où Pontius eut tout le loisir du monde de les combattre, & mesme de les deffaire, s'il eut sceu bien vser de l'auantage qu'il auoit sur son ennemy. Ces exemples, Prince, & mille autres que ie pourrois alleguer, sont suffisantes pour confirmer ma maxime qu'vn General d'armée doit estre rusé. Il est vray qu'il faut extremement prendre garde à vne chose; que si vous auez mal traitté quelque grand homme dans vostre Estat, qu'il ne faut iamais luy commettre l'administration des affaires militaires, pource qu'il y a tousiours beaucoup de danger qu'il ne les manie pas auec fidelité, par ressentimēt de l'injure qu'il aura receuë. Claude Neron ternit beaucoup sa reputation dans Rome ou on parle fort desauantageusementde son peu de conduite, pource qu'il n'auoit pas sceu vaincre Asdrubat en Espagne dās vne rencontre

qui luy estoit fort auantageuse. Du depuis
ayant esté fait Consul, & enuoyé par le Senat contre Hannibal, il exposa à vn danger
presque euident la liberté Romaine par vn
pur ressentiment qui luy restoit du blasme
qu'il auoit receu par le peuple Romain, lors
qu'il commandoit l'armée dans les Espagnes: mais quand vous aurez fait le choix,
Prince, d'vn bon General, ne limitez iamais sa commission, pour les raisons que
vous allez voir au Chapitre suiuant.

*Qu'vn Prince ne doit donner vne
pleine authorité à vn General
d'Armée.*

## CHAPITRE XXVI.

PRINCE, il n'est rien au monde qui affer-
misse tant vn homme qui aime l'honneur dans vostre seruice, que quand vous
luy tesmoignerez d'auoir vne confidence
fort particuliere en sa vertu; ny rien qui
puisse tant esbranler sa fidelité, que de luy

faire

faire paroiſtre quelque deffiance, laquelle
luy deuient autant inſupportable, que ſes
ſentimens ſont purs & portez pour vos
intereſts. Vne vertu genereuſe qui ſe voit
ſecondée de l'approbation de ſon Prince,
oſe tout entreprendre; mais dés lors qu'elle
ſe voit ſoupçonnée, elle deuient languiſ-
ſante, à moins qu'elle employe ſes forces
pour aller contre ſon Maiſtre, de qui elle
ſe croit mortellement leſée : Oüy, Prince,
vn grand homme qui vous ſera fidelle ſe
ſouciera fort peu des auantages que vos ennemis luy offriront pour l'attirer à leur
party : il ne ſe laiſſera point abandonner ny
à l'eſclat des charges, ny à la lueur de l'or
ou de l'argent, ny à la magnificence de tous
les preſens qu'on pourroit luy preſenter;
mais vne ſeule apparence de ſoupçon que
vous teſmoignerez auoir de ſa fidelité, eſt
ſuffiſante pour ruiner tous les bons ſentimens qu'il a conceus pour voſtre ſeruice.
En effet vne vertu qui eſt pure ſe croit ſoüil-
lée, quand elle ſe voit ſoupçonnée; &
pource qu'vn homme d'honneur ne peut
ſouffrir qu'on imprime quelque tache à ſa
reputation, pour legere qu'elle puiſſe eſtre,
il trahira pluſtoſt les intereſts de ſon Mai-

M

ſtre, que de conſentir que ſon honneur ſoit
intereſſé. Ceux qui ſont vrayement vertueux agiſſent pour l'amour de la vertu
meſme; & quand vous trouuerez, Prince,
de cette ſorte de perſonnes dans voſtre
Eſtat, à quelque employ que vous les deſti-
niez, laiſſez les agir dans vne pleine liberté,
principalement lors que vous eſleuerez
quelque grand homme à la charge de General de vos armées. Quand il y a des raiſons
preſſantes qui ne vous permettent pas de
les commander vous meſme, donnez luy
pleine authorité d'agir comme il le trouuera à propos. Sa vertu vous eſtant connuë, vous deuez vous promettre qu'elle de-
meurera touſiours ferme & conſtante pour
voſtre ſeruice, & que l'authorité que vous
luy donnez tournera à voſtre aduantage.
Rome s'eſt touſiours fort bien trouuée d'a-
uoir vſé de cette maxime; & le Senat ne
s'eſt iamais reſerué d'autre authorité dans
toutes ſes entrepriſes, que de determiner de
la guerre qu'il vouloit faire & de confirmer
la paix, laiſſant pour tout le reſte vn ample
pouuoir, ou au Dictateur, ou au Conſul
qu'il eliſoit, d'agir comme il le trouueroit
à propos. Vn Chef d'armée qui entre-

prend vne guerre auec des commiſſions li-
mitées, s’en va les bras & les mains liées; le
temps qu’illuy faut pour informer ſon maiſtre de l’eſtat de ſes trouppes luy fait ſouuent perdre les occaſions de la victoire, qui
ne ſe rencontrent pas facilement. Dans les
dernieres guerres de Hollande, contre le
pouuoir tyrannique d’Angleterre, on a
bien veu que le ſuccez des armes luy auroit
eſté ſans doute tres-auantageux, ſi ſon Ad-
miral auoit eu vn peu plus de liberté.
L’Eſpagne qui ſe pique en toutes choſes
d’vne grauité inſupportable, a ſouuent ſen-
ty dans le païs bas, combien il eſt perilleux
de reſtraindre l’authorité des Chefs de ſes
armées. N’eſt-ce pas vne erreur inſupportable, qu’il faille aller de Flandres à la Cour
de Madrid, pour obtenir la permiſſion de
donner bataille ? Les Generaux d’armées,
ou ils ſont ſages & capables d’exercer leurs
charges, ou ils ne le ſont pas ; s’ils le ſont, il
leur eſt iniurieux qu’il faille mendier vne
permiſſion pour combattre, laquelle ils
n’obtiennent pas meſme ſouuent, pource que ceux qui compoſent le Conſeil
du Prince, n’ont pas l’experience de la
guerre, ou pource qu’ils ne ſçauroient eſtre

informez parfaitement des raifons qu'il y a
de combattre, veu qu'ils ne font pas prefens dans le camp; & s'ils ne le font pas,
c'eft manquer d'vn bon ordre dans l'Eftat,
qui ne fubfifte dans vn temps de guerre,
que par la fage conduite des Generaux
d'armées, dont on doit faire l'eflection toufiours auec beaucoup de circonfpection,
fans confiderer ny le fang, ny la naiflance;
mais il la faut fonder fur la vertu, fur l'experience, & fur le merite de celuy que vous
deftinez à cet employ, qui eft vn des plus
confiderables de l'Eftat. Vn grand Capitaine qui fe voit en eftat de combattre auec
aduantage l'ennemy, fans s'ofer donner
cette authorité, laquelle fon Souuerain s'eft
referuée, venant à en perdre l'occafion, fa
vigueur s'affoiblit, fon courage s'efmouffe,
fon ardeur s'efteint, & il neglige de fe mettre dans la recherche de quelqu'autre rencontre auffi fauorable, pource qu'il fe pro-
pofe que tout fon trauail & toute fa peine,
luy feront inutiles : les foldats mefme qui
compofent fon armée, fe rebutent d'vn
exercice qui leur donne beaucoup de fatigue fans aucun fruit, & ils aimeroient cent
fois mieux combattre bien à propos auec vn

ſuccez deſauantageux, que de perdre les occaſions qui les flattent du ſuccez de la victoire. Quand ie conſidere vn Chef reduit à cette extremité de ne pouuoir pas donner bataille dans vne occaſion qu'il iuge fauorable, & qui luy eſchappe, il me ſemble de voir Tantalle dans les eaux iuſques aux levres. Quel regret ne conçoit-il pas, dequoy la gloire d'vne victoire luy eſt oſtée, pour n'auoir pas l'authorité de combattre? luy qui eſt poſé ſur la teſte de toute vne armée, n'en peut pas diſpoſer? luy qui eſt le maiſtre de ſes trouppes, n'oſe pas les commander? C'eſt pour lors qu'il ſe perſuade que ſon maiſtre n'a pas vne entiere confiance en luy, qu'il ſoupçonne ou ſa fidelité, ou ſa conduite, ou ſa valeur. C'eſt dans cette rencontre qu'il déchoit de l'amour qu'il a touſiours euë pour ſon ſeruice, & il ſe rend comme inſenſible à tout ce qui le touche, par cette ſeule raiſon, qu'il n'a pas vne pleine authorité dans ſa charge. A cette maxime i'en veux faire ſuiure vne autre qui n'eſt pas de moindre importance. C'eſt, Prince, qu'il faut bien prendre garde à ne vous mõſtrer pas trop ſeuere dans la punition que vous ferez des fautes que peuuent auoir commis vos Generaux dans les emplois de leurs charges, pource qu'vn chaſtiment trop rude qu'vn Chef d'armée apprehende, luy oſte la liberté du raiſonnement, pour bien reüſſir dans les armes, & l'occupe dauantage à préuoir les moyens de l'eſuiter, que de faire reflection ſur ceux qui luy ſont neceſſaires pour bien combattre. Tite-Liue nous repreſente fort bien dans ſon Hiſtoire l'œconomie des Romains en cette rencontre : leurs Capitaines ont ſouuent manqué dans les fonctions de la guerre, les vns par ignorance, & les autres par malice ; mais ils ont fort bien ſceu excuſer les fautes des premiers, & ont fort legerement puni celles des derniers. Veron ayant eſté defait à Cannes par Hannibal, pluſtoſt par imprudence que par malice, bien que la liberté de Rome ſe vit comme eſbranſlée par la perte de cette bataille qui releua tant le courage de Carthage, neantmoins cet inforuné Capitaine s'en retournant à Rome, fut rencontré de tout le Senat, qui luy alla au deuant pour le feliciter, non pas du bonheur de la bataille qu'il auoit perduë, mais dequoy il teſmoignoit par ſa retraitte de n'auoir pas abandonné

les interests du peuple Romain. Lors que
Sergius & Virginius furent enuoyez au
siege de Veios, ils partagerent ensemble
l'authorité de l'armée; & s'estant logez
chascun dans son quartier, Sergius se
voyant assailli par les ennemis, aima·mieux
souffrir de se voir defait, que de mandier le
secours de son collegue; & Virginius qui
souhaittoit qu'il s'humilia à luy, souffrit
plustost que sa patrie fut des honorée par la
ruine de l'armée de Sergius, que d'aller le
secourir. Bien que les fautes de ces deux Capitaines, fussent commises par vne pure
malice, le Senat pourtant n'en prit point
d'autre punition que de les condamner à
vne amande pecuniaire. Ce n'est pas,
Prince, que ce corps illustre composé de
tant de testes si sages, ne connut bien qu'ils
estoient dignes d'vn chastiment plus seuere,
& mesme qu'ils meritoient la mort; mais il
iugea deuoir vser de cette moderation, pour
les raisons que i'ay alleguées, lesquelles ont
eu tant d'effet sur Rome, que le Pere de Fabius voulant s'opposer aux poursuites que
le Dictateur Papirius faisoit contre luy,
duquel il demandoit la mort, pour auoir
donné bataille contre son ordre, il n'en

allegua point d'autre, sinon que le Senat n'auoit iamais vsé d'vne punition si seuere, mesme dans toutes les defaites que leurs Chefs auoient souffert, & qu'il n'estoit point dans la bien-seance que son fils qui estoit retourné victorieux du combat s'y vit exposé. Cette pleine authorité que vous donnerez à vn General d'armée vous soulagera dans le deuoir qui vous oblige à veiller tousiours pour la conseruation de vostre Estat.

*Qu'vn Prince doit tousiours veiller pour la conseruation de son Estat.*

## CHAPITRE XXVII.

PRINCE, vn Estat est vn corps dont vous faites la plus illustre portion, pource que vous en estes le Chef qui doit donner le mouement à toutes ses actions. Tous les sens resident dans la teste, d'où les nerfs qui sont les instrumens du mouuement, prennent leur origine, afin qu'elle imprime aux autres parties les motions qui sont ne-

ceſſaires pour la conſeruation du tout.
Vous eſtes à vn peuple ce que le Soleil eſt
au monde. Si les mineraux ſe forment dans
les entrailles de la terre ; ſi les plantes ger-
ment, ſi elles pouſſent des feüilles, & ſi elles
produiſent des fruicts, ce n'eſt que par les
influences qu'elles reçoiuent des cauſes ſuperieures, & principalement de ce bel aſtre
du iour dont les defaillances font gemir
toute la nature. Le mouuement continuel
des Cieux qui fait la conſeruation de tout
ce qu'il y a dans le monde inferieur, vous
aduertit du deuoir d'vn bon Prince, qui
doit touſiours eſtre dans l'action pour proteger ſon peuple qui tombe dans vne horrible langueur, lors qu'il eſt negligé de celuy
qui eſt commis du Ciel pour eſtre ſon Protecteur. Ces formes aſſiſtantes que les
Philoſophes donnent aux corps celeſtes,
leſquelles ne ſe fatiguent point à rouler
continuellemׂnt ſur nos teſtes, ces vaſtes
machines pour conſeruer la nature dans ſa
perfection, ſont la veritable image d'vn
Souuerain qui ne doit iamais ſe laſſer dans
la recherche qu'il doit faire des moyens les
plus conuenables pour entretenir ſes ſujets
dans le repos & dans la tranquilité. Cette

Eſpée, Prince, dont vous vous armez, &
qui eſt le plus bel ornement de tous ceux
dont vous pourriez vous parer, eſt myſte-
rieuſe, elle vous aduertit d'vn double
office que vous deuez exercer dans voſtre
Eſtat: vous deuez y paroiſtre en maiſtre
Souuerain, pour y faire fleurir la Iuſtice, y
publier vos loix, & y faire garder inuiola-
blement tous vos ordres: vous vous y deuez auſſi monſtrer comme vn bon Paſteur,
ſous la conduite duquel le Ciel a commis
vne nation entiere, pour la conſeruation de
laquelle vous deuez touſiours veiller. Si le
deſtin vous a mis entre les mains vn pouuoir
Souuerain ſur tout vn peuple ; ſçachez,
Prince, que c'eſt pour le faire eſclatter autant par les ſoins que vous deuez prédre à le
bien proteger, que par les commandemens
& par les loix que vous auez droiɛt de luy
impoſer. L'authorité que vous receuéz d'en
haut n'eſt pas ſemblable à celle qu'vn Co-
mite des Galeres a ſur des criminels; elle eſt
rapportante à celle qu'vn pere a ſur ſes enfans, laquelle ne luy donne pas ſeulement le
droiɛt de les commander, mais qui l'oblige
à les aimer & à les proteger par tout. Si la
qualité de pere eſt relatiue, celle de Prince

l'est auſſi ; & ſi le droiɫ qu'il a ſur ſes enfans ſe trouue meſlé de tendreſſe & d'affection, celuy qu'vn Prince a ſur ſes ſujets
eſt de la meſme nature. Si ie vous ay en-
ſeigné, Prince, dans le 11. Chapitre de
vous faire aimer de voſtre peuple, c'eſt ſans
preiudice de l'amour que vous luy deuez,
lequel vous ne ſçauriez ſeparer du pouuoir
que Dieu vous a donné ſur luy, ſans que
voſtre authorité paſſe pour tyrannique, qui
eſt le dernier de tous les malheurs d'vn Souuerain; car il n'eſt point de peuple ſi docile,
qui n'entre dans vne rage & dans vne furie
capable de renuerſer vn Eſtat, lors qu'il
ſe voit dominé par vn Prince qui ne ſe
laiſſe pas toucher à ſes intereſts. Bien que
le commun peuple ſoit vne groſſe beſte,
qu'on ne doit point apprehender pour manquer de conduite à tout ce qu'il entreprend, il y a pourtant parmy le nombre de
ceux qui portent la qualité de ſujets, des
eſprits fort delicats & ambitieux, leſquels
voyans qu'vn Prince manque au deuoir
qu'il a de le proteger, ſont autant de boute-
feux pour allumer la guerre aux quatre
coins d'vn Eſtat, leſquels ſe voyant ruinez
au dedans par le mauuais ſuccez des armes

qu’ils ont fait leuer contre leur maiftre, fe
iettent au dehors dans le party ennemy
pour le trauerfer auec plus de feureté.
Mais quelque orage, Prince, qui fe puiffe
leuer contre le pays qui vous eft tombé en
partage, repouffez-le auec vigueur, & faites
tous vos efforts pour le conferuer dans fon
luftre & dans fon efclat : l’amour de la patrie eft vn deuoir qui enueloppe à la verité
auffi bien les fujets que le Souuerain ; mais
comme le Prince a le pouuoir en main, il fe
doit monftrer le plus zelé pour fa defence,
fut-ce au preiudice de fa gloire particuliere. Les Confuls ont efté à Rome ce que
les Roys y eftoient auant qu’ils en fuffent
chaffez ; & nous lifons dans Tite-Liue que
ceux qui auoiét le commandement de l’armée Romaine, lors que les Samnites la tenoient renfermée de tous les coftez, voyant
que ce peuple ialoux de l’efclat de Rome, les
vouloient obliger d’y retourner defarmez,
s’y foûmirét aueuglement pour les interefts.
de leur patrie; & afin de ne pas ruiner leur
armée de laquelle dépendoit le falut de toute la Republique, ils creurent qu’il valoit
mieux la conferuer par leur propre defhon-
neur, que de l’expofer à la rage de fes enne-

mis en mourant glorieusement dans le combat. Si François I. semble auoir fait quelque chose contre les loix fondamentales de l'Estat de France, lors qu'il estoit captif en Espagne, il a en suite iustifié sa sage conduite, & a fait voir qu'il estoit capable de se soûmettre aux conditions les plus ignominieuses pour reuenir gouuerner ses sujets & son Estat, dont la conseruation luy estoit plus chere que sa gloire particuliere: comme c'estoit vn grand homme bien instruit dans toutes les sciences, il n'ignoroit pas qu'il n'est rien au monde que les François souffrent auec tant de peine, que quand on dit de leur Roy, qu'vne telle condition luy est ignominieuse, pource que l'estime qu'ils ont de l'esclat de son throsne leur fait croire qu'il ne sçauroit estre terni par quelque desauantage qu'il puisse souffrir dans vne mauuaise fortune. En effet, comme vn Prince n'est pas vne personne particuliere, tout ce qu'il fait en faueur de son Estat, luy doit estre imputé à gloire; & tous les sages Politiques aduoüeront qu'il est bien plus glorieux à vn Souuerain de pouruoir à la seureté de son Estat, auec ignominie, que de le ruiner par vn excez de courage, ou par vne vaine oftentation de fon pouuoir. Le Soleil ne diminuë rien de fa beauté ny de fon luftre, bien que pour la conferuation de la nature il fe voye obligé de refpandre fon efclatante lumiere auffi bien fur vne infame cloaque, ou fur vn fumier puant, que fur les plus beaux parterres qui foient au monde : de mefme vn Prince ne ternit point l'efclat de fon throfne, quand la neceffité l'engage à faire quelque baffeffe pour le fouftien de fon Eftat ; & il vaut mieux qu'il viue auec quelque defauantage de fa gloire particuliere, que non pas qu'il meure dans le combat, comme vn grand Heros, lors que la felicité de fes peuples s'y trouue engagée. Vn Prince n'eft pas né pour luy feul, il eft autant à fes fujets qu'à foy-mefme, dont l'amour qu'il leur doit le rendra toufiours vaillant à ce qui eft de leurs interefts & pour la conferuation de fon Eftat : ce qui fait le dernier & l'vn des principaux deuoirs d'vn bon Prince.

## FIN.